Das Kochbuch für den Nacht- und Bereitschaftsdienst

99 schnelle und unkomplizierte Rezepte

Das Kochbuch für den Nacht- und Bereitschaftsdienst

99 schnelle und unkomplizierte Rezepte

von Marc Deschka und Carl Roovers
mit Illustrationen von Ralf Schnelle

2. veränderte Auflage

SK

Verlagsgesellschaft Stumpf & Kossendey · Edewecht · Wien · 1998

CIP-Titelaufnahme der Deutschen Bibliothek:

Deschka, Marc:
Das Kochbuch für den Nacht- und Bereitschaftsdienst : 99 schnelle und unkomplizierte Rezepte / von Marc Deschka und Carl Roovers. Mit Ill. von Ralf Schnelle. - 2., veränd. Aufl. - Edewecht ; Wien : Stumpf und Kossendey, 1998
ISBN 3-932750-15-2

Druck: Gorenjski Tisk, Kranj, Slowenien

Vorwort

Wer von uns kennt das nicht: Der Spitzbube ist nach wilder Verfolgung endlich dingfest gemacht, der Infarktpatient schlägt nach der Reanimation die Augen wieder auf, der Schwerverletzte liegt frisch gewaschen und für die Mitternachtsvisite präpariert im Bett, und der Großbrand ist mit zwei B-Rohren, eins in jeder Hand, zum Kleinbrand geworden. Angesichts dieser menschlichen, teils übermenschlichen Taten macht sich sogleich ein Gefühl wohliger Erleichterung breit, gepaart mit Stolz auf den Erfolg des Fangens, Wiederbelebens, Pflegens und Löschens. Was aber ist, wenn der Freudentaumel abebbt? Dann kriecht ein viel stärkeres Gefühl im Bediensteten hoch, meist beginnend in der Magengrube, sich dann aber auf den ganzen Körper erstreckend: das Gefühl unbändigen Hungers. Nun ist die Nahrungsaufnahme ein zutiefst menschliches Bedürfnis und rein technisch einfach zu bewerkstelligen. Einzige Voraussetzung: Man hat etwas zu essen. Und genau hier beginnt das Dilemma:
Eine Polizei-, Rettungs- oder Feuerwache, geschweige denn ein Krankenhaus stellen nun einmal kein 5-Sterne-Restaurant dar, und der Arbeitgeber hofft zu Recht auf Eigeninitiative seiner Angestellten. Also hin zum Imbiß, ein paar matschige Frikadellen (80% Brotgehalt garantiert) und dazu Fritten aus Kartoffeln vom vorletzten Jahr, eilig verschlungen, da ja sowieso schon fast kalt. Nun, gelegentlich kann man das ja machen, aber in der Realität sah es in fast jedem Dienst so aus. Und wozu führt das auf Dauer? Der Körper wird einseitig ernährt, Langeweile macht sich breit, und der Magen-Darm-Trakt verfettet und verfrittet immer mehr. Das hat wiederum zur Folge, daß die Leistungsfähigkeit schwindet: Der Schwerverbrecher entkommt, der Infarktpatient verruht, der Schwerverletzte bleibt ungewaschen im Bett liegen, und der Kleinbrand verwandelt sich in einen Flächenbrand.
Aber damit soll jetzt Schluß sein: In diesem sagenumwobenen Kochbuch soll daher nur von Gerichten die Rede sein, die schmackhaft, nahrhaft, einfach sagenhaft sind und sich mit geringem Aufwand an allen Orten nachkochen lassen, an denen Menschen Nacht- und Bereitschaftdienste leisten.

Marc Deschka, Carl Roovers

Bonn, im April 1998

Inhaltsverzeichnis

Tabelle zur Umrechnung von gebräuchlichen Maßangaben

Rezeptzutat	1 gestrichener Teelöffel	1 gestrichener Eßlöffel	1 gestrichene Tasse
Butter	5 g	15 g	120 g
Essig	5 ml	15 ml	125 ml
Frischkäse	7 g	20 g	170 g
Grieß	4 g	12 g	100 g
Haferflocken	2 g	10 g	70 g
Honig	10 g	30 g	240 g
Joghurt	5 g	15 g	100 g
Geriebener Käse	3 g	10 g	80 g
Gehackte Kräuter	2 g	6 g	50 g
Margarine	5 g	15 g	120 g
Marmelade	7 g	20 g	180 g
Mayonnaise	10 g	30 g	200 g
Mehl	3 g	10 g	80 g
Milch	5 ml	15 ml	125 ml
Öl	3 ml	9 ml	75 ml
Puderzucker	3 g	10 g	85 g
Quark	7 g	20 g	170 g
Reis	5 g	15 g	120 g
Sahne	5 g	15 g	160 g
Salz	5 g	15 g	125 g
Tomatenmark	7 g	20 g	160 g
Wasser	5 ml	15 ml	125 ml
Zucker	5 g	15 g	120 g

1 Tasse =1/4 Suppenteller → 1/4 Suppenteller =1/8 Liter → 1/8 Liter =8 Eßlöffel → 1 Eßlöffel= 3 Teelöffel

Suppen

WAS ES WAR, WEISS ICH NICH', CURRY STAND JEDENFALLS DRAUF...
OLAF '95

Lauchsuppe

570 kcal / 2400 kJ pro Person

Material:

- *1 großer Topf*
- *1 Kochmesser*
- *1 Kochlöffel*
- *1 Suppenkelle*

Zutaten für 4 Personen:

- *3 - 4 mittelgroße Stangen Lauch*
- *4 - 5 mittelgroße Kartoffeln*
- *1 Bund Kerbel*
- *1 1/2 Liter Brühe*
- *6 EL Crème fraîche*
- *3 EL Butter*
- *Salz, Pfeffer*

Zubereitung:

1. Den Lauch waschen, säubern, in feine Ringe schneiden und in Butter glasig dünsten.
2. Anschließend das Ganze mit der Brühe auffüllen, die geschälten und in Scheiben geschnittenen Kartoffeln dazugeben und bei mittlerer Hitze für ca. 15 Minuten kochen lassen.
3. Die Crème fraîche unterziehen, die Suppe nochmals abschmecken, eventuell mit Salz und Pfeffer nachwürzen und mit den Kerbelblättchen garnieren.

Französische Zwiebelsuppe

650 kcal / 2730 kJ pro Person

Material:

- *1 großer Topf*
- *1 Kochmesser*
- *1 Kochlöffel*
- *1 Suppenkelle*

Zutaten für 4 Personen:

- *100 g geriebener Emmentaler*
- *6 Gemüsezwiebeln*
- *1/2 Liter trockener Weißwein*
- *1 1/2 Liter Brühe*
- *4 Scheiben Weißbrot*
- *2 EL Mehl*
- *Butter*
- *Salz, Pfeffer*

Zubereitung:

1. Die Weißbrotscheiben kleinschneiden und in Butter anrösten.
2. Anschließend die Weißbrotwürfel entnehmen, die Zwiebeln schälen, in dünne Scheiben schneiden und in Butter glasig dünsten.
3. Dann portionsweise das Mehl dazugeben, mit dem Zwiebelgemüse verrühren und das Ganze mit dem Weißwein ablöschen, mit der Brühe auffüllen und bei mittlerer Hitze für ca. 20 Minuten kochen lassen.
4. Die Zwiebelsuppe nochmals abschmecken, eventuell mit Salz und Pfeffer nachwürzen, mit den gerösteten Brotwürfeln und dem geriebenen Käse garnieren und servieren.

Salatsuppe

470 kcal / 1970 kJ pro Person

Material:

- *1 großer Topf*
- *1 Kochmesser*
- *1 Kochlöffel*

Zutaten für 4 Personen:

- *500 g Kartoffeln*
- *3 Salatköpfe*
- *1 Gemüsezwiebel*
- *1 1/2 l Gemüsebrühe*
- *1 Becher saure Sahne*
- *1 Bund Kerbel*
- *Butter*
- *Salz*
- *Pfeffer*

Zubereitung:

1. Die Kartoffeln schälen, in kleine Würfel schneiden und in Salzwasser ca. 15 Minuten gar kochen.
2. Anschließend die Salatköpfe in Streifen schneiden und zusammen mit der kleingeschnittenen Zwiebel in 2 EL Butter andünsten.
3. Die gekochten Kartoffeln sowie den kleingeschnittenen Kerbel hinzufügen und mit der Gemüsebrühe auffüllen.
4. Die Salatsuppe 10 Minuten auf kleiner Flamme ziehen lassen, mit Salz und Pfeffer abschmecken und mit einem Klecks saurer Sahne servieren.

Spargelcremesuppe

460 kcal / 1930 kJ pro Person

Material:

- *1 großer Topf*
- *1 Kochmesser*
- *1 Kochlöffel*
- *2 Dosenöffner*
- *1 Suppenkelle*

Zutaten für 4 Personen:

- *2 mittelgroße Stangen Lauch*
- *2 Dosen Spargelspitzen*
- *2 mittelgroße Kartoffeln*
- *1 Liter Brühe*
- *6 EL Crème fraîche*
- *1/2 Liter Milch*
- *Butter*
- *Salz, Pfeffer*

Zubereitung:

1. Den Lauch waschen, säubern, in feine Ringe schneiden und in Butter glasig dünsten.
2. Die Kartoffeln schälen, in kleine Würfel schneiden und zusammen mit den kleingeschnittenen Spargelspitzen dazugeben.
3. Anschließend das Ganze mit der Brühe und der Milch auffüllen und bei mittlerer Hitze ca. 20 Minuten kochen lassen.
4. Die Crème fraîche unterziehen, mit Salz und Pfeffer abschmecken, nochmals kurz aufkochen lassen und servieren.

Minestrone

800 kcal / 3360 kJ pro Person

Material:

- *1 großer Topf*
- *1 Kochmesser*
- *1 Kochlöffel*
- *1 Dosenöffner*
- *1 Suppenkelle*

Zutaten für 4 Personen:

- *100 g Speckwürfel*
- *1 kleine Dose weiße Bohnen*
- *2 mittelgroße Möhren*
- *1 Stange Sellerie*
- *4 mittelgroße Tomaten*
- *1 mittelgroße Stange Lauch*
- *2 mittelgroße Zwiebeln*
- *1 1/2 Liter Brühe*
- *100 g Suppennudeln*
- *Butter*
- *Salz, Pfeffer*

Zubereitung:

1. Die Zwiebeln und den Lauch schälen, kleinschneiden und zusammen mit den Speckwürfeln, dem kleingeschnittenen Sellerie und den kleingeschnittenen Möhren in Butter anbraten.
2. Die Tomaten waschen, kleinschneiden und zusammen mit den abgetropften Bohnen dazugeben.
3. Anschließend das Ganze mit der Brühe auffüllen, die Suppennudeln dazugeben und bei mittlerer Hitze ca. 20 Minuten kochen lassen.
4. Die Minestrone nochmals abschmecken, eventuell mit Salz und Pfeffer nachwürzen und servieren.

Borschtsch

1100 kcal / 4600 kJ pro Person

Material:

- *1 großer Topf*
- *1 Kochmesser*
- *1 Kochlöffel*
- *1 Dosenöffner*
- *1 Suppenkelle*

Zutaten für 4 Personen:

- *500 g mageres Rindfleisch*
- *250 g Speckwürfel*
- *2 Gläser Rote Beete*
- *1 kleine Dose Tomatenmark*
- *1 Bund Petersilie*
- *1 Stange Sellerie*
- *2 mittelgroße Stangen Lauch*
- *1/2 Weißkohl*
- *2 mittelgroße Zwiebeln*
- *1 1/2 Liter Brühe*
- *Butter*
- *Salz, Pfeffer*

Zubereitung:

1. Die Zwiebeln und den Lauch schälen, kleinschneiden und zusammen mit den Speckwürfeln und dem kleingeschnittenen Rindfleisch in Butter anbraten.
2. Weißkohl und Sellerie waschen, kleinschneiden, kurz mitdünsten und mit dem Saft der Roten Beete ablöschen.
3. Anschließend das Ganze mit der Brühe auffüllen, die kleingeschnittene Rote Beete sowie das Tomatenmark dazugeben und bei mittlerer Hitze ca. 20 Minuten kochen lassen.
4. Den Borschtsch abschmecken, eventuell mit Salz und Pfeffer nachwürzen und mit kleingeschnittenen Petersilie garnieren.

Sauerampfersuppe

530 kcal / 2220 kJ pro Person

Material:

- *1 großer Topf*
- *1 Kochmesser*
- *1 Kochlöffel*
- *1 Suppenkelle*
- *Kein Dosenöffner*

Zutaten für 4 Personen:

- *4 - 5 Tassen Sauerampfer*
- *1 mittelgroße Zwiebel*
- *200 g süße Sahne*
- *1 1/2 Liter Brühe*
- *2 EL Mehl*
- *Butter*
- *Salz, Pfeffer*

Zubereitung:

1. Den Sauerampfer waschen, in feine Streifen schneiden und dreiviertel davon zusammen mit der kleingeschnittenen Zwiebel in Butter andünsten.
2. Anschließend portionsweise das Mehl unterrühren und, sobald es eine hellgelbe Färbung annimmt, mit der Brühe ablöschen und bei mittlerer Hitze ca. 10 Minuten kochen lassen.
3. Die Sahne unterziehen, das Ganze mit Salz und Pfeffer abschmecken, nochmals kurz aufkochen lassen und mit dem restlichen Sauerampfer garnieren.

Brotsuppe

740 kcal / 3100 kJ pro Person

Material:

- *1 großer Topf*
- *1 Kochmesser*
- *1 Kochlöffel*
- *1 Dosenöffner*
- *1 Suppenkelle*

Zutaten für 4 Personen:

- *800 g Brot*
- *100 g geriebener Emmentaler*
- *2 mittelgroße Zwiebeln*
- *1 1/2 Liter Brühe*
- *Butter*
- *Salz, Pfeffer*

Zubereitung:

1. Die Zwiebeln schälen, kleinschneiden und in reichlich Butter glasig dünsten.
2. Anschließend das Brot in Würfel schneiden, zu den Zwiebeln geben und kurz mitrösten lassen.
3. Das Ganze mit der Brühe auffüllen und bei mittlerer Hitze ca. 20 Minuten kochen lassen.
4. Die Brotsuppe nochmals abschmecken, eventuell mit Salz und Pfeffer nachwürzen, mit dem Käse bestreuen und servieren.

Käsesuppe

1170 kcal / 4900 kJ pro Person

Material:

- *1 großer Topf*
- *1 Kochmesser*
- *1 Kochlöffel*
- *1 Suppenkelle*

Zutaten für 4 Personen:

- *300 g Rindergehacktes*
- *2 mittelgroße Zwiebeln*
- *3 mittelgroße Stangen Lauch*
- *1 1/2 Liter Brühe*
- *400 g Schmelzkäse*
- *200 g süße Sahne*
- *Butter*
- *Salz, Pfeffer*
- *Baguettebrot*

Zubereitung:

1. Die Zwiebeln und den Lauch schälen, kleinschneiden und in Butter glasig dünsten.
2. Anschließend das Gehackte dazugeben und ebenfalls anbraten.
3. Das Ganze mit der Brühe auffüllen, den Schmelzkäse und die Sahne dazugeben und für ca. 10 Minuten unter ständigem Rühren bei mittlerer Hitze kochen lassen.
4. Die Suppe nochmals abschmecken, eventuell mit Salz und Pfeffer nachwürzen und mit Baguettebrot servieren.

Gulaschsuppe

660 kcal / 2770 kJ pro Person

Material:

- *1 großer Topf*
- *1 Kochmesser*
- *1 Kochlöffel*
- *1 Dosenöffner*
- *1 Suppenkelle*

Zutaten für 4 Personen:

- *500 g Rindergulasch*
- *2 mittelgroße Zwiebeln*
- *2 mittelgroße Möhren*
- *2 rote Paprikaschoten*
- *1 Bund Petersilie*
- *1 kleine Dose Tomatenmark*
- *1 1/2 Liter Brühe*
- *Butter*
- *Paprikapulver*
- *Salz, Pfeffer*

Zubereitung:

1. Die Zwiebeln und die Möhren schälen, kleinschneiden und zusammen mit der kleingeschnittenen Paprika in Butter andünsten.
2. Das Rindfleisch kleinschneiden, dazugeben, ebenfalls anbraten und mit Salz, Pfeffer und Paprika würzen.
3. Anschließend das Ganze mit der Brühe ablöschen, das Tomatenmark und die Sahne unterziehen und bei mittlerer Hitze ca. 20 Minuten kochen lassen.
4. Die Gulaschsuppe nochmals abschmecken, eventuell mit Salz und Pfeffer und Paprika nachwürzen, mit der kleingeschnittenen Petersilie garnieren und servieren.

Krabbensuppe

590 kcal / 2480 kJ pro Person

Material:

- *1 großer Topf*
- *1 Kochlöffel*
- *1 Schneebesen*
- *1 Dosenöffner*
- *1 Suppenkelle*

Zutaten für 4 Personen:

- *200 g küchenfertige Krabben*
- *1 kleine Dose Erbsen*
- *1 1/2 Liter Brühe*
- *6 EL Crème fraîche*
- *2 EL Butter*
- *2 EL Mehl*
- *Salz, Pfeffer*

Zubereitung:

1. Die Butter im Topf schmelzen lassen und portionsweise mit dem Mehl verquirlen, bis die Mehlschwitze eine krümelige Konsistenz annimmt.
2. Anschließend die Mehlschwitze mit der Brühe ablöschen, gut verrühren und aufkochen lassen.
3. Die abgetropften Erbsen und das Krabbenfleisch dazugeben, das Ganze mit Salz und Pfeffer würzen und bei mittlerer Hitze ca. 15 Minuten kochen lassen.
4. Zum Schluß die Crème fraîche unterziehen, nochmals abschmecken, eventuell mit Salz und Pfeffer nachwürzen und servieren.

Trüffelsuppe „Typ Chefarzt“

Kalorien: je nach Chefarzt

Material:

- *1 großer Topf*
- *1 Kochmesser*
- *1 Kochlöffel*
- *1 Suppenkelle*

Zutaten für 4 Personen:

- *200 g Putenbrust*
- *200 g Gänseleberpastete*
- *1 kleine Zwiebel*
- *1 mittelgroße Möhre*
- *1 Stange Sellerie*
- *100 g frische Champignons*
- *300 g frische weiße Trüffel*
- *4 EL Wermut*
- *1 Liter Brühe*
- *Butter*
- *Salz, Pfeffer*

Zubereitung:

1. Die Zwiebel und die Möhre schälen, kleinschneiden und zusammen mit dem kleingeschnittenen Sellerie in Butter andünsten.
2. Die Champignons waschen, kleinschneiden, mit der kleingeschnittenen Putenbrust dazugeben und kurz anbraten.
3. Das Ganze mit der Brühe und dem Wermut ablöschen und bei mittlerer Hitze ca. 20 Minuten kochen lassen.
4. Danach die Trüffeln in feine Scheiben schneiden und mit der zerbröselten Gänseleberpastete in die Suppe geben.
5. Die Suppe unter ständigem Rühren für weitere 5 Minuten köcheln lassen, bis sich die Pastete gelöst hat und die Suppe eine sämige Konsistenz annimmt.
6. Die Trüffelsuppe abschmecken, eventuell mit Salz und Pfeffer nachwürzen, den Chefarzt hineinsetzen und servieren.

Kartoffelgerichte

Gemilchte Kartoffeln

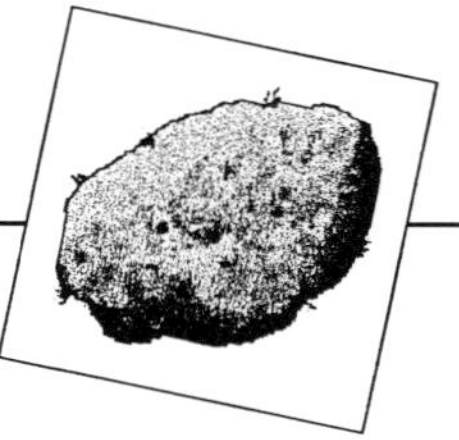

900 kcal / 3780 kJ pro Person

Material:

- *1 großer Topf*
- *1 Pfanne*
- *1 Kochmesser*
- *1 Kochlöffel*
- *1 Kartoffelstampfer*

Zutaten für 4 Personen:

- *400 g durchwachsener Speck*
- *1 kg Kartoffeln*
- *2 Eier*
- *2 EL Butter*
- *1 Liter Buttermilch*
- *Salz, Pfeffer*

Zubereitung:

1. Die geschälten und in kleine Stücke geschnittenen Kartoffeln ca. 15 Minuten in Salzwasser garen.
2. Den Speck in kleine Würfel schneiden und in einer Pfanne goldbraun ausbraten.
3. Anschließend die Kartoffeln mit der Butter, dem Eigelb und dem Speck zu einem Püree verstampfen und eventuell mit Salz und Pfeffer abschmecken.
4. Die Buttermilch auf vier tiefe Teller verteilen, das Pürree darauf anrichten und servieren.

Pellkartoffeln mit Kräuterquark

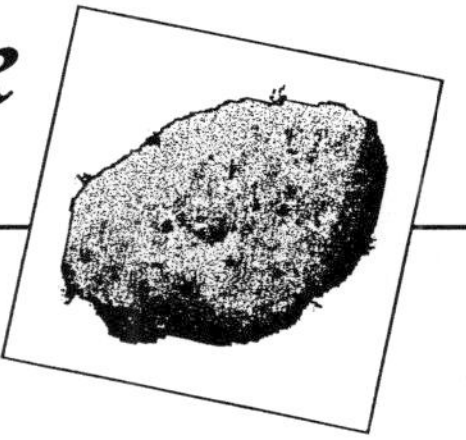

580 kcal / 2440 kJ pro Person

Material:

- *1 Rührschüssel*
- *1 großer Topf*
- *1 Kochmesser*
- *1 Kochlöffel*

Zutaten für 4 Personen:

- *1 kg Kartoffeln*
- *1 Frühlingszwiebel*
- *1 Bund Petersilie*
- *1 Bund Schnittlauch*
- *1 Bund Dill*
- *1 Knoblauchzehe*
- *500 g Magerquark*
- *200 g süße Sahne*
- *2 EL Öl*
- *2 EL Essig*
- *Salz, Pfeffer*

Zubereitung:

1. Den Quark und die Sahne in eine Schüssel geben und verrühren.
2. Anschließend die Frühlingszwiebel und die Knoblauchzehe schälen, fein hacken und zusammen mit den verlesenen, kleingeschnittenen Kräutern dazugeben.
3. Das Öl und den Essig unterrühren, das Ganze nochmals abschmecken und eventuell mit Salz und Pfeffer nachwürzen.

Die Kartoffeln gründlich waschen, ca. 20 Minuten in Salzwasser gar kochen und zusammen mit dem Kräuterquark servieren.

Tomatenkartoffeln

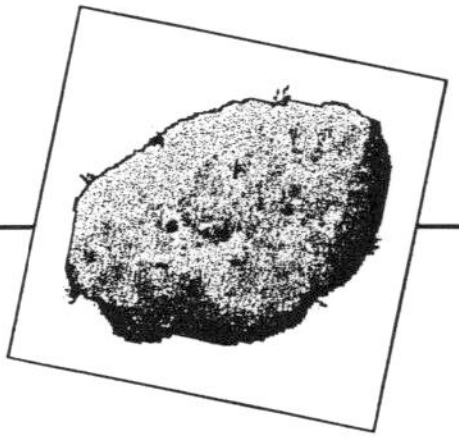

400 kcal / 1680 kJ pro Person

Material:

- *1 großer Topf*
- *1 Kochmesser*
- *1 Kochlöffel*

Zutaten für 4 Personen:

- *1 kg Kartoffeln*
- *1 Gemüsezwiebel*
- *2 Knoblauchzehen*
- *1/2 Salatgurke*
- *1 Dose Pizzatomaten*
- *1/2 Fleischbrühwürfel*
- *1 Bund Petersilie*
- *1 Bund Basilikum*
- *Öl*
- *Salz, Pfeffer*

Zubereitung:

1. In etwas Öl die kleingeschnittene Zwiebel und die zerdrückten Knoblauchzehen anbraten. Nachdem beides eine goldgelbe Farbe angenommen hat, die Pizzatomaten und die in Würfel geschnittene Gurke hinzufügen.
2. Die Kartoffeln schälen und in Scheiben schneiden und zusammen mit dem kleingeschnittenen Basilikum zu dem Tomatengemüse geben.
3. Den halben Fleischbrühwürfel und etwas Wasser hinzufügen, so daß die Kartoffeln gerade eben bedeckt sind, und das Ganze für ca. 20 Minuten kochen lassen.
4. Die Tomatenkartoffeln mit Salz und Pfeffer abschmecken, mit Petersilie bestreuen und servieren.

Kartoffel-Bohnen-Topf

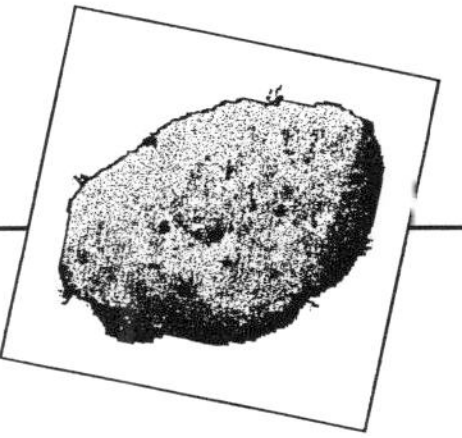

500 kcal / 2100 kJ pro Person

Material:

- *1 großer Topf*
- *1 Kochmesser*
- *1 Kochlöffel*
- *1 Dosenöffner*

Zutaten für 4 Personen:

- *400 g Rinderrouladen*
- *1 kg Kartoffeln*
- *1 mittelgroße Zwiebel*
- *1 Dose grüne Bohnen*
- *Butter*
- *Salz, Pfeffer*

Zubereitung:

1. Die Zwiebel schälen, kleinschneiden und zusammen mit den in Streifen geschnittenen Rouladen in Butter anbraten.
2. Anschließend die Kartoffeln waschen, schälen, in kleine Würfel schneiden und zusammen mit den abgetropften Bohnen dazugeben. Das Ganze bei mittlerer Hitze ca. 20 Minuten gar kochen.
3. Den Kartoffel-Bohnen-Topf nochmals abschmecken, eventuell mit Salz und Pfeffer nachwürzen und servieren.

Kartoffel-Lauch-Topf

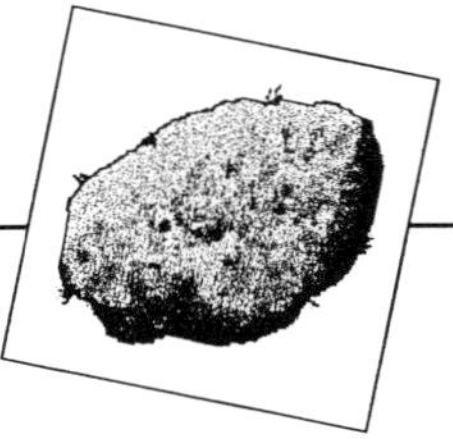

920 kcal / 3860 kJ pro Person

Material:

- *1 großer Topf*
- *1 Kochmesser*
- *1 Kochlöffel*

Zutaten für 4 Personen:

- *4 Bratwürste*
- *1 kg Kartoffeln*
- *3 mittelgroße Stangen Lauch*
- *2 Möhren*
- *1 Bund Petersilie*
- *1/2 Liter Brühe*
- *Butter*
- *Salz, Pfeffer*

Zubereitung:

1. Den Lauch waschen und säubern, kleinschneiden und zusammen mit den kleingeschnittenen Würsten in Butter anbraten.
2. Anschließend das Ganze mit der Brühe auffüllen, die kleingeschnittenen Kartoffeln und Möhren dazugeben und bei mittlerer Hitze ca. 20 Minuten gar kochen.
3. Den Kartoffel-Lauch-Topf nochmals abschmecken, eventuell mit Salz und Pfeffer nachwürzen, mit der kleingeschnittenen Petersilie garnieren und servieren.

Schinken-Bratkartoffeln

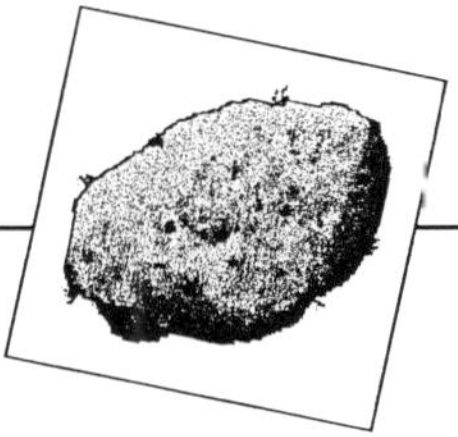

760 kcal / 3190 kJ pro Person

Material:

- *1 großer Topf*
- *1 Pfanne*
- *1 Kochmesser*
- *1 Kochlöffel*

Zutaten für 4 Personen:

- *200 g durchwachsener Speck*
- *1 kg Kartoffeln*
- *2 mittelgroße Zwiebeln*
- *4 mittelgroße Tomaten*
- *1 Bund Schnittlauch*
- *Öl*
- *Paprikapulver*
- *Salz, Pfeffer*

Zubereitung:

1. Die Kartoffeln waschen, schälen, ca. 15 Minuten in Salzwasser gar kochen und anschließend in dünne Scheiben schneiden.
2. Die Zwiebeln schälen, kleinschneiden und zusammen mit dem gewürfelten Speck in etwas Öl anbraten.
3. Die Tomaten ebenfalls in dünne Scheiben schneiden, zusammen mit den Kartoffeln zu den angebratenen Zwiebeln und dem Speck geben und das Ganze solange weiter braten, bis die Kartoffeln eine goldbraune Farbe angenommen haben.
4. Die Bratkartoffeln nochmals abschmecken, eventuell mit Salz, Pfeffer und Paprikapulver würzen und servieren.

Kartoffeln mit Wintergemüse

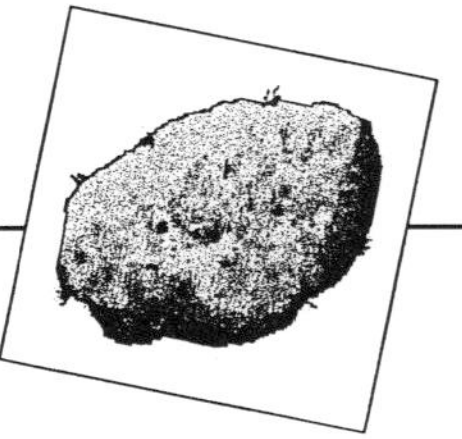

570 kcal / 2400 kJ pro Person

Material:

- *1 großer Topf*
- *1 Pfanne*
- *1 Kochmesser*
- *1 Kochlöffel*

Zutaten für 4 Personen:

- *750 g Kartoffeln*
- *300 g Rosenkohl*
- *2 mittelgroße Zwiebeln*
- *4 mittelgroße Möhren*
- *2 mittelgroße Stangen Lauch*
- *1 Bund Schnittlauch*
- *200 g süße Sahne*
- *Butter*
- *Salz, Pfeffer*

Zubereitung:

1. Die Kartoffeln und den Rosenkohl waschen und schälen, die Kartoffeln kleinschneiden und beides für ca. 15 Minuten in Salzwasser gar kochen.
2. Die Zwiebeln, den Lauch und die Möhren schälen, kleinschneiden und in Butter andünsten.
3. Anschließend die Kartoffelstücke und den Rosenkohl dazugeben, das Ganze mit der Sahne auffüllen und unter gelegentlichem Rühren für weitere 5 Minuten köcheln lassen.
4. Nochmals abschmecken, eventuell mit Salz und Pfeffer nachwürzen, mit dem kleingeschnittenen Schnittlauch garnieren und servieren.

Kressekartoffeln mit Leberkäse

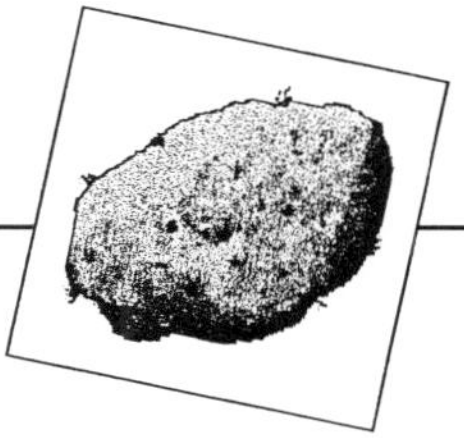

500 kcal / 2100 kJ pro Person

Material:

- *1 großer Topf*
- *1 Pfanne*
- *1 Kochmesser*
- *1 Kochlöffel*

Zutaten für 4 Personen:

- *4 Scheiben Leberkäse*
- *2 - 3 Kästchen Küchenkresse*
- *750 g Kartoffeln*
- *1/4 Liter Milch*
- *Butter*
- *Salz, Pfeffer*

Zubereitung:

1. Die Kartoffeln waschen, schälen und in kleine Würfel schneiden.
2. Die Milch mit einem EL Butter aufkochen lassen, die Kartoffelwürfel dazugeben und ca. 15 Minuten unter gelegentlichem Umrühren bei mittlerer Hitze garen lassen. Hierbei portionsweise die gewaschene Kresse unterheben.
3. Die Kressekartoffeln nochmals abschmecken und eventuell mit Salz und Pfeffer nachwürzen.

Den Leberkäse in Butter beidseitig goldbraun ausbraten und zu den Kressekartoffeln servieren.

Deftige Kartoffelnudeln

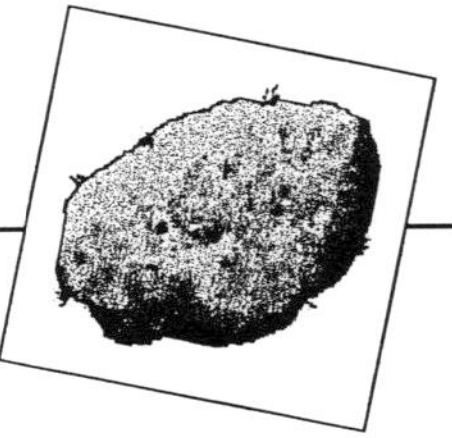

750 kcal / 3150 kJ pro Person

Material:

- *1 kleiner Topf*
- *1 Pfanne*
- *1 Kochlöffel*

Zutaten für 4 Personen:

- *500 g gekochte Kartoffeln*
- *4 Bratwürste*
- *1 Ei*
- *80 g Mehl*
- *Butter*
- *Salz, Pfeffer*
- *1 Glas Apfelrotkohl*

Zubereitung:

1. Die Kartoffeln zusammen mit dem Ei und dem Mehl zu einem Teig verkneten und diesen mit Salz und Pfeffer abschmecken.
2. Anschließend aus dem Teig fingerdicke, an den Enden spitz zulaufende Würste formen und diese zusammen mit den Bratwürsten in Butter ausbraten.

Den Rotkohl in einem kleinen Topf erhitzen und zusammen mit den Bratwürsten und den Kartoffelnudeln servieren.

Reibekuchen

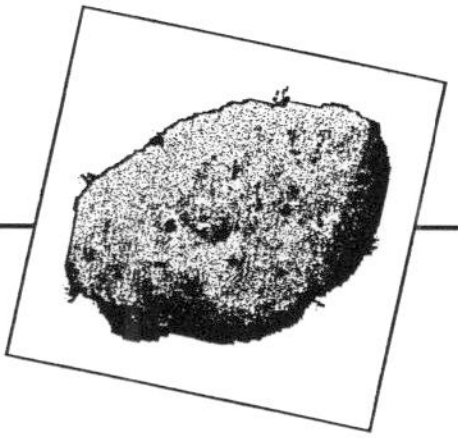

940 kcal / 3950 kJ pro Person

Material:

- *1 Pfanne*
- *1 Kochmesser*
- *1 Kochlöffel*
- *1 Küchenreibe*

Zutaten für 4 Personen:

- *1 kg Kartoffeln*
- *1 mittelgroße Zwiebel*
- *4 Eier*
- *Öl*
- *2 EL Mehl*
- *Salz, Pfeffer*
- *1 Glas Apfelkompott*

Zubereitung:

1. Die Kartoffeln waschen, schälen, fein reiben und zusammen mit der kleingeschnittenen Zwiebel, dem Mehl und den Eiern zu einem Teig verkneten. Den Teig mit Salz und Pfeffer würzen.
2. Anschließend reichlich Öl in der Pfanne erhitzen, den Teig portionsweise hineingeben, mit dem Kochlöffel glattstreichen und bei mittlerer Hitze beidseitig goldbraun braten.
3. Die Reibekuchen mit Apfelkompott anrichten und servieren.

Himmel und Erde

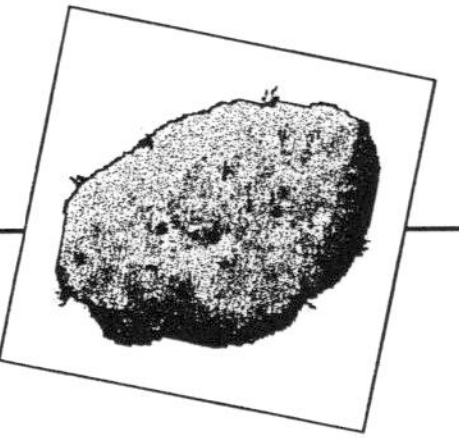

950 kcal / 3990 kJ pro Person

Material:

- *1 großer Topf*
- *1 Pfanne*
- *1 Kochmesser*
- *1 Kochlöffel*
- *1 Kartoffelstampfer*

Zutaten für 4 Personen:

- *400 g Blutwurst*
- *200 g durchwachsener Speck*
- *1 kg Kartoffeln*
- *2 mittelgroße Zwiebeln*
- *Öl*
- *Salz, Pfeffer*
- *1 Glas Apfelkompott*

Zubereitung:

1. Die Kartoffeln waschen, schälen, kleinschneiden, ca. 15 Minuten in Salzwasser gar kochen und anschließend mit dem Apfelkompott zu einem Püree verstampfen.
2. Die Zwiebeln schälen, in feine Ringe schneiden und zusammen mit dem gewürfelten Speck und der in Scheiben geschnittenen Blutwurst in etwas Öl ausbraten.
3. Das Apfel-Kartoffelpüree nochmals abschmecken, eventuell mit Salz und Pfeffer nachwürzen, mit den Zwiebelringen garnieren und zusammen mit dem gebratenen Fleisch servieren.

Nudelgerichte

Spaghetti Bolognese

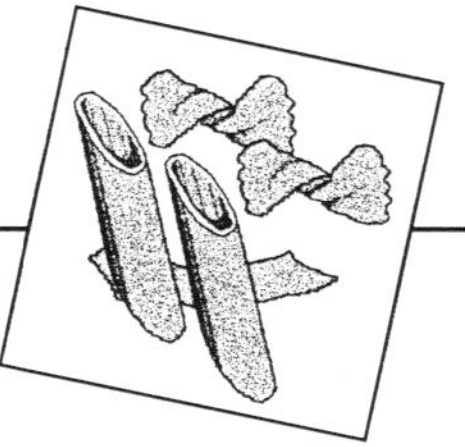

1000 kcal / 4200 kJ pro Person

Material:

- *1 großer Topf*
- *1 kleiner Topf*
- *1 Kochmesser*
- *1 Kochlöffel*
- *1 - 2 Dosenöffner*

Zutaten für 4 Personen:

- *400 g Rindergehacktes*
- *1 kleine Dose Champignons*
- *1 Dose Pizzatomaten*
- *2 mittelgroße Zwiebeln*
- *2 mittelgroße Möhren*
- *500 g Spaghetti*
- *1/4 Liter Brühe*
- *4 EL Crème fraîche*
- *Butter*
- *Paprikapulver*
- *Salz, Pfeffer*

Zubereitung:

1. Die Zwiebeln und Möhren schälen, kleinschneiden und in Butter andünsten.
2. Anschließend portionsweise das Gehackte dazugeben, mit Salz, Pfeffer und Paprika würzen und ebenfalls anbraten.
3. Die Pizzatomaten und die Champignons dazugeben, das Ganze mit der Brühe ablöschen und zusammen ca. 10 Minuten köcheln lassen.
4. Die Crème fraîche unterheben, die Soße nochmals abschmecken und eventuell mit Salz und Pfeffer nachwürzen.

Während die Soße zubereitet wird, die Spaghetti ca. 10 Minuten in reichlich Salzwasser gar kochen, mit der Fleischsoße anrichten und servieren.

Spaghetti Carbonara

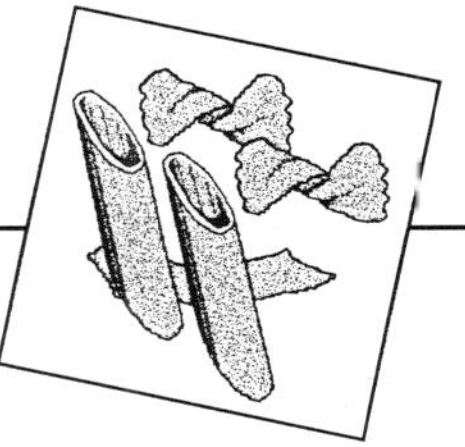

1050 kcal / 4410 kJ pro Person

Material:

- *1 Rührschüssel*
- *1 großer Topf*
- *1 kleiner Topf*
- *1 Kochmesser*
- *1 Kochlöffel*

Zutaten für 4 Personen:

- *200 g durchwachsener Speck*
- *30 g geriebener Parmesankäse*
- *1 Knoblauchzehe*
- *1 Bund Petersilie*
- *1/4 Liter Milch*
- *150 g süße Sahne*
- *3 Eier*
- *500 g Spaghetti*
- *Salz, Pfeffer*

Zubereitung:

1. Den Speck in kleine Würfel schneiden und in einem Topf kurz anbraten.
2. In einer Schüssel die Sahne, die Milch, die Eier und den Parmesankäse verrühren und die geschälte und zerdrückte Knoblauchzehe dazugeben.
3. Den gebratenen Speck mit der Sahnesoße ablöschen und das Ganze für ca. 10 Minuten köcheln lassen. Zum Schluß die kleingeschnittene Petersilie unterheben, die Soße nochmals abschmecken und eventuell mit Salz und Pfeffer nachwürzen.

Während die Soße zubereitet wird, die Spaghetti ca. 10 Minuten in reichlich Salzwasser gar kochen, mit der Soße anrichten und servieren.

Spaghetti Napoli

840 kcal / 3520 kJ pro Person

Material:

- *1 großer Topf*
- *1 kleiner Topf*
- *1 Kochmesser*
- *1 Kochlöffel*
- *2 Dosenöffner*

Zutaten für 4 Personen:

- *50 g geriebener Parmesankäse*
- *2 mittelgroße Zwiebeln*
- *1 Knoblauchzehe*
- *2 Dosen Pizzatomaten*
- *1/4 Liter Brühe*
- *4 EL Crème fraîche*
- *Butter*
- *500 g Spaghetti*
- *1 EL Mehl*
- *Sambal Oelek*

Zubereitung:

1. Die Zwiebeln und die Knoblauchzehe schälen, kleinschneiden, in Butter glasig dünsten und anschließend mit dem Mehl verrühren.
2. Anschließend mit der Brühe ablöschen, gut verrühren und zusammen mit den Pizzatomaten für ca. 10 Minuten köcheln lassen.
3. Die Crème fraîche unterheben, das Ganze nochmals aufkochen lassen und mit Sambal Oelek abschmecken.

Während die Soße zubereitet wird, die Spaghetti ca. 10 Minuten in reichlich Salzwasser gar kochen, mit der Soße anrichten und mit dem Parmesankäse bestreuen.

Nudeln mit Spargel und Schinken

1020 kcal / 4280 kJ pro Person

Material:

- *1 Rührschüssel*
- *1 großer Topf*
- *1 kleiner Topf*
- *1 Kochmesser*
- *1 Kochlöffel*
- *2 Dosenöffner*

Zutaten für 4 Personen:

- *8 Scheiben gekochter Schinken*
- *50 g geriebener Parmesankäse*
- *2 Dosen Spargelspitzen*
- *1 Zitrone*
- *1 Bund Petersilie*
- *400 g süße Sahne*
- *Butter*
- *500 g Nudeln*
- *Salz, Pfeffer*

Zubereitung:

1. Den Schinken in feine Streifen schneiden und in Butter scharf anbraten.
2. In einer Schüssel die Sahne, den Parmesankäse und den Saft der Zitrone verrühren und den Schinken damit ablöschen.
3. Die abgetropften Spargelspitzen dazugeben und das Ganze für ca. 10 Minuten unter ständigem Rühren köcheln lassen, nochmals abschmecken und eventuell mit Salz und Pfeffer nachwürzen.

Während die Soße zubereitet wird, die Nudeln ca. 10 Minuten in reichlich Salzwasser gar kochen, mit der Soße anrichten und mit der kleingeschnittenen Petersilie garnieren.

Fettuccine in Lachssahnesoße

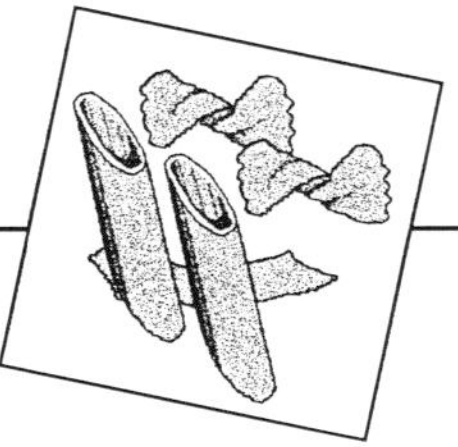

840 kcal / 3520 kJ pro Person

Material:

- *1 großer Topf*
- *1 kleiner Topf*
- *1 Kochmesser*
- *1 Kochlöffel*
- *1 Schneebesen*

Zutaten für 4 Personen:

- *8 Scheiben Räucherlachs*
- *1 Bund Petersilie*
- *1 Zitrone*
- *1/4 Liter Brühe*
- *200 g süße Sahne*
- *2 EL Butter*
- *2 EL Mehl*
- *500 g Fettuccine-Nudeln*
- *Salz, Pfeffer*

Zubereitung:

1. Die Butter im Topf schmelzen lassen und portionsweise mit dem Mehl verquirlen, bis die Mehlschwitze eine krümelige Konsistenz annimmt.
2. Anschließend durch portionsweises Unterrühren der Sahne eine sämige Soße entstehen lassen und mit der Brühe und dem Saft der Zitrone auffüllen.
3. Den Lachs in feine Streifen schneiden, unter die Soße heben und das Ganze für ca. 5 Minuten köcheln lassen.
4. Die Lachssahnesoße nochmals abschmecken und eventuell mit Salz und Pfeffer nachwürzen.

Während die Soße zubereitet wird, die Fettuccine ca. 10 Minuten in reichlich Salzwasser gar kochen, mit der Soße anrichten und mit der kleingeschnittenen Petersilie garnieren.

Muschelnudeln mit Broccoli

880 kcal / 3700 kJ pro Person

Material:

- *1 großer Topf*
- *1 kleiner Topf*
- *1 Kochmesser*
- *1 Kochlöffel*
- *1 Schneebesen*

Zutaten für 4 Personen:

- *4 Scheiben gekochter Schinken*
- *50 g geriebener Parmesankäse*
- *2 Stauden Broccoli*
- *1/4 Liter Brühe*
- *200 g süße Sahne*
- *2 EL Butter*
- *500 g Muschelnudeln*
- *2 EL Mehl*
- *Salz, Pfeffer*

Zubereitung:

1. Die Butter im Topf schmelzen und portionsweise mit dem Mehl verquirlen, bis die Mehlschwitze krümelig wird.
2. Dann durch portionsweises Unterrühren der Sahne eine sämige Soße entstehen lassen und mit der Brühe auffüllen.
3. Die Broccoliröschen vom Strunk trennen, waschen und in kochendem Wasser für ca. 5 Minuten garen lassen.
4. Anschließend den in feine Streifen geschnittenen Schinken zusammen mit den abgetropften Broccoliröschen unter die Soße heben und weitere 5 Minuten unter ständigem Rühren köcheln lassen.
5. Das Ganze nochmals abschmecken und eventuell mit Salz und Pfeffer nachwürzen.

Während die Soße zubereitet wird, die Muschelnudeln ca. 10 Minuten in reichlich Salzwasser gar kochen, mit der Soße anrichten und mit dem Parmesankäse bestreuen.

Nudeln in Petersiliensahne

920 kcal / 3860 kJ pro Person

Material:

- *1 großer Topf*
- *1 kleiner Topf*
- *1 Kochmesser*
- *1 Kochlöffel*
- *1 Schneebesen*

Zutaten für 4 Personen:

- *200 g geriebener Emmentaler*
- *2 Bund Petersilie*
- *1 Zitrone*
- *1/4 Liter Brühe*
- *200 g süße Sahne*
- *2 EL Butter*
- *500 g Bandnudeln*
- *2 EL Mehl*
- *Salz, Pfeffer*

Zubereitung:

1. Die Butter im Topf schmelzen und portionsweise mit dem Mehl verquirlen, bis die Mehlschwitze krümelig wird.
2. Anschließend durch portionsweises Unterrühren der Sahne eine sämige Soße entstehen lassen und das Ganze mit der Brühe und dem Saft der Zitrone auffüllen.
3. Die Petersilie waschen und kleinschneiden, zusammen mit dem Emmentaler unter die Soße heben und unter ständigem Rühren 5 - 10 Minuten köcheln lassen. Die Soße nochmals abschmecken und eventuell mit Salz und Pfeffer nachwürzen.

Während die Soße zubereitet wird, die Bandnudeln ca. 10 Minuten in reichlich Salzwasser gar kochen, mit der Soße anrichten und servieren.

Nudeln mit Auberginen

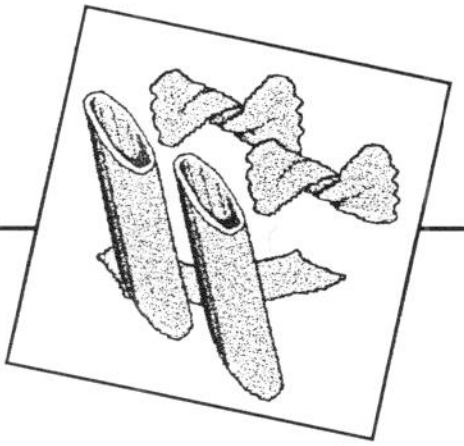

680 kcal / 2850 kJ pro Person

Material:

- *1 großer Topf*
- *1 Pfanne*
- *1 Kochmesser*
- *1 Kochlöffel*

Zutaten für 4 Personen:

- *4 Auberginen*
- *1 Zitrone*
- *50 g geriebener Parmesankäse*
- *Öl*
- *500 g Nudeln*
- *Salz, Pfeffer*

Zubereitung:

1. Die Auberginen waschen, in fingerdicke Scheiben schneiden, mit Zitronensaft benetzen und beidseitig in heißem Öl solange braten, bis sie eine goldbraune Farbe annehmen.
2. Anschließend die gebratenen Auberginenscheiben dezent mit Salz und Pfeffer würzen und mit dem Parmesankäse bestreuen.

Währenddessen die Nudeln in reichlich Salzwasser ca. 10 Minuten gar kochen, dann die Auberginenscheiben darauf anrichten.

Nudeln mit Bohnenhack

910 kcal /3820 kJ pro Person

Material:

- *1 großer Topf*
- *1 kleiner Topf*
- *1 Kochlöffel*
- *3 Dosenöffner*

Zutaten für 4 Personen:

- *400 g Rindergehacktes*
- *1 kleine Dose Prinzeßbohnen*
- *1 kleine Dose Gemüsemais*
- *1 Dose Pizzatomaten*
- *1 mittelgroße Zwiebel*
- *1/4 Liter Brühe*
- *Butter*
- *500 g Nudeln*
- *Salz, Pfeffer*

Zubereitung:

1. Die Zwiebeln schälen, kleinschneiden und in Butter glasig dünsten.
2. Anschließend portionsweise das Gehackte dazugeben, mit Salz und Pfeffer würzen und ebenfalls anbraten.
3. Das Ganze mit der Brühe ablöschen, die Pizzatomaten, den abgetropften Mais und die Prinzeßbohnen dazugeben und für ca. 10 Minuten einreduzieren lassen.
4. Das Bohnenhack nochmals abschmecken und eventuell mit Salz und Pfeffer nachwürzen.

Die Nudeln für ca. 10 Minuten in reichlich Salzwasser gar kochen und das Bohnenhack darauf anrichten.

Gebratene Nudeln

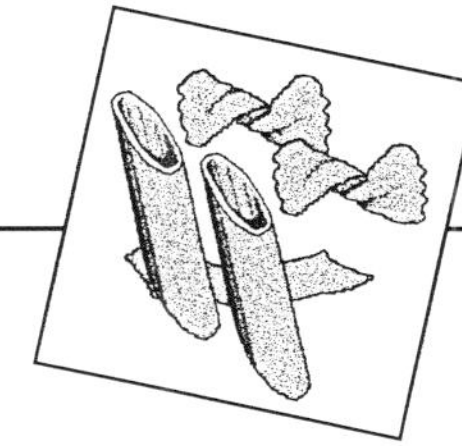

1090 kcal / 4580 kJ pro Person

Material:

- *1 großer Topf*
- *1 Pfanne*
- *1 Kochmesser*
- *1 Kochlöffel*
- *1 Dosenöffner*

Zutaten für 4 Personen:

- *4 Scheiben gekochter Schinken*
- *200 g durchwachsener Speck*
- *1 Dose Champignons*
- *4 Eier*
- *200 g süße Sahne*
- *Öl*
- *500 g Nudeln*
- *Salz, Pfeffer*

Zubereitung:

1. Den Speck und den Schinken kleinschneiden und in reichlich Öl anbraten.
2. Die Nudeln ca. 10 Minuten in reichlich Salzwasser gar kochen, abgießen und zusammen mit dem Fleisch, den abgetropften Champignons und den Eiern ca. 5 Minuten unter ständigem Rühren durchbraten.
3. Das Ganze mit der Sahne ablöschen und für ca. 5 Minuten einreduzieren lassen.
4. Die gebratenen Nudeln nochmals abschmecken, eventuell mit Salz und Pfeffer nachwürzen und servieren.

Penne mit Mozzarella und Tomaten

815 kcal / 3420 kJ pro Person

Material:

- *1 großer Topf*
- *1 Rührschüssel*
- *1 Kochmesser*
- *1 Kochlöffel*

Zutaten für 4 Personen:

- *10 Tomaten*
- *250 g Mozzarellakäse*
- *kaltgepreßtes Olivenöl*
- *500 g Penne-Nudeln*
- *1 Bund Basilikum*
- *Salz*
- *Pfeffer*

Zubereitung:

1. Die Tomaten am Stielansatz kreuzförmig einritzen, 20 Sekunden in kochendes Wasser geben, unter kaltem Wasser abschrecken und anschließend die Schale abziehen.
2. Den Mozzarella, die Tomaten und die Basilikumblätter kleinschneiden und zusammen mit 75 ml Olivenöl in eine Schüssel geben.
3. Das Ganze mit Salz und Pfeffer abschmecken.

Währenddessen die Penne-Nudeln in reichlich Salzwasser ca. 10 Minuten bißfest kochen, anschließend die Soße unterheben und servieren.

Reisgerichte

Tomatenrisotto

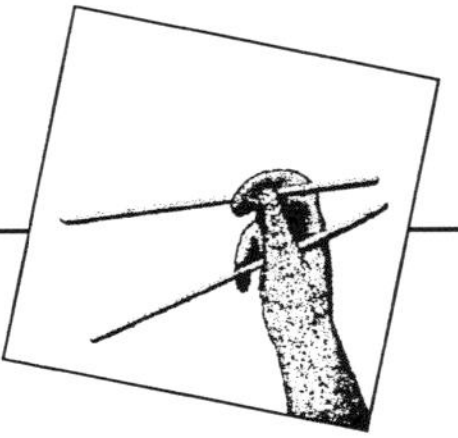

690 kcal / 2900 kJ pro Person

Material:

- *1 großer Topf*
- *1 Kochlöffel*
- *1 Dosenöffner*

Zutaten für 4 Personen:

- *200 g geriebener Emmentaler*
- *1 Dose Pizzatomaten*
- *2 mittelgroße Zwiebeln*
- *3/4 Liter Brühe*
- *200 g süße Sahne*
- *Butter*
- *300 g Reis*
- *Salz, Pfeffer*

Zubereitung:

1. Die Zwiebeln schälen, kleinschneiden und in reichlich Butter glasig dünsten.
2. Anschließend den rohen Reis und die Pizzatomaten dazugeben und für 2 - 3 Minuten unter ständigem Rühren köcheln lassen.
3. Das Ganze der Brühe und der Sahne ablöschen und für weitere 20 Minuten bei mittlerer Hitze einreduzieren lassen.
4. Zum Schluß portionsweise den Käse unterheben, nochmals abschmecken, eventuell mit Salz und Pfeffer nachwürzen und servieren.

Pilzrisotto

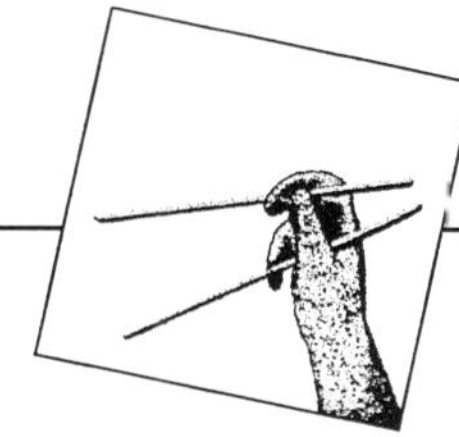

780 kcal / 3280 kJ pro Person

Material:

- *1 großer Topf*
- *1 kleiner Topf*
- *1 Kochmesser*
- *1 Kochlöffel*
- *3 Dosenöffner*

Zutaten für 4 Personen:

- *100 g geriebener Emmentaler*
- *1 kleine Dose Champignons*
- *1 kleine Dose Stockschwämmchen*
- *1 kleine Dose Pfifferlinge*
- *2 mittelgroße Zwiebeln*
- *1/4 Liter Brühe*
- *200 g süße Sahne*
- *Butter*
- *400 g Reis*
- *Salz, Pfeffer*

Zubereitung:

1. Die Zwiebeln schälen, kleinschneiden und zusammen mit den abgetropften Pilzen in Butter andünsten.
2. Anschließend das Ganze mit der Brühe und der Sahne auffüllen und für ca. 10 Minuten köcheln lassen.
3. Die Pilzsoße nochmals abschmecken und eventuell mit Salz und Pfeffer nachwürzen.

Den Reis gemäß der Packungsbeilage zubereiten, unter die Soße heben und servieren.

Mailänder Reistopf

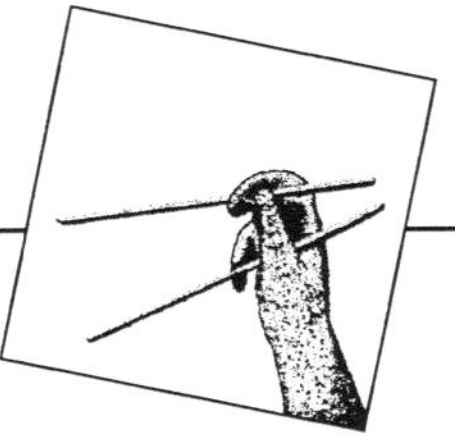

600 kcal / 2520 kJ pro Person

Material:

- *1 großer Topf*
- *1 kleiner Topf*
- *1 Kochmesser*
- *1 Kochlöffel*
- *1 Dosenöffner*

Zutaten für 4 Personen:

- *300 g Rindergehacktes*
- *2 mittelgroße Zwiebeln*
- *2 Dosen Pizzatomaten*
- *2 mittelgroße Möhren*
- *1 Bund Petersilie*
- *1 1/2 Liter Brühe*
- *200 g Reis*
- *Butter*
- *Salz, Pfeffer*

Zubereitung:

1. Den Reis gemäß der Packungsbeilage zubereiten.
2. Die Zwiebeln und die Möhren schälen, kleinschneiden und in Butter andünsten.
3. Das Gehackte portionsweise dazugeben und ebenfalls anbraten. Anschließend das Ganze mit der Brühe auffüllen, die Pizzatomaten sowie den Reis dazugeben und bei mittlerer Hitze ca. 10 Minuten kochen lassen.
4. Den Reistopf nochmals abschmecken, eventuell mit Salz und Pfeffer nachwürzen, mit der kleingeschnittenen Petersilie garnieren und servieren.

Gefüllte Paprika mit Reis

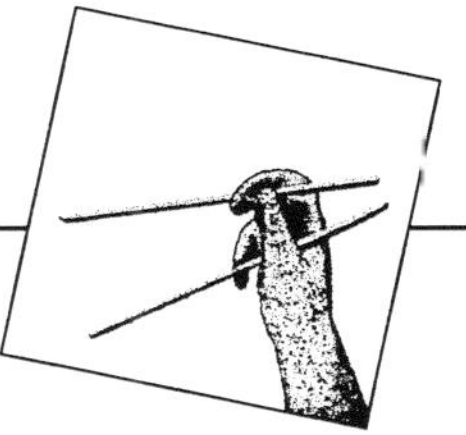

740 kcal / 3110 kJ pro Person

Material:

- *1 großer Topf*
- *1 kleiner Topf*
- *1 Kochmesser*
- *1 Kochlöffel*

Zutaten für 4 Personen:

- *300 g Rindergehacktes*
- *300 g Reis*
- *4 Paprikaschoten*
- *1 mittelgroße Zwiebel*
- *1/2 Liter Brühe*
- *1/2 Tasse Semmelbrösel*
- *1 Ei*
- *Butter*
- *Salz, Pfeffer*

Zubereitung:

1. Die Zwiebeln schälen, kleinschneiden und mit dem Gehackten, dem Ei, den Semmelbröseln sowie einer Prise Salz und Pfeffer verkneten.
2. Die Paprikaschoten waschen und säubern, nach Entfernen des Deckels vorsichtig aushöhlen, mit der Fleischmasse füllen und wieder mit dem Deckel verschließen.
3. Anschließend die Paprika für ca. 40 Minuten bei mittlerer Hitze in der Brühe garen.

Den Reis gemäß der Packungsbeilage zubereiten, unter die einreduzierte Brühe heben und die gefüllte Paprika darauf anrichten.

Risi-Bisi

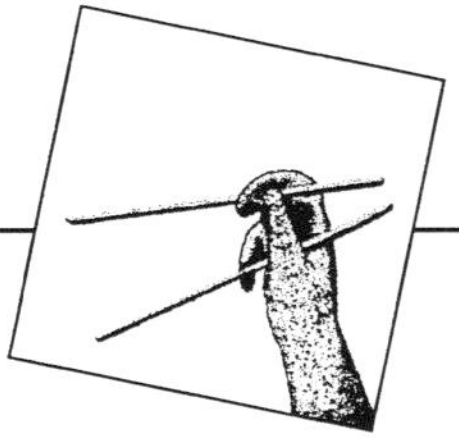

710 kcal / 2980 kJ pro Person

Material:

- *1 großer Topf*
- *1 Pfanne*
- *1 Kochmesser*
- *1 Kochlöffel*
- *1 Dosenöffner*

Zutaten für 4 Personen:

- *80 g durchwachsener Speck*
- *1 Dose Erbsen (420 ml)*
- *1 mittelgroße Zwiebel*
- *500 g Reis*
- *2 Brühwürfel*
- *1 Bund Petersilie*
- *80 g geriebener Parmesankäse*
- *Butter*
- *Salz*
- *Pfeffer*

Zubereitung:

1. Die Brühwürfel in 1 Liter kochendem Wasser auflösen und den Reis darin 20 Minuten gar kochen lassen.
2. Währenddessen die Zwiebel und den Speck kleinschneiden und mit 2 Eßlöffeln Butter in einer Pfanne goldbraun braten und zusammen mit den abgetropften Erbsen zu der Reisbrühe geben.
3. Das Risi-Bisi mit Salz und Pfeffer abschmecken, mit der Petersilie garnieren und mit dem geriebenen Parmesankäse servieren.

Ratatouille mit Reis

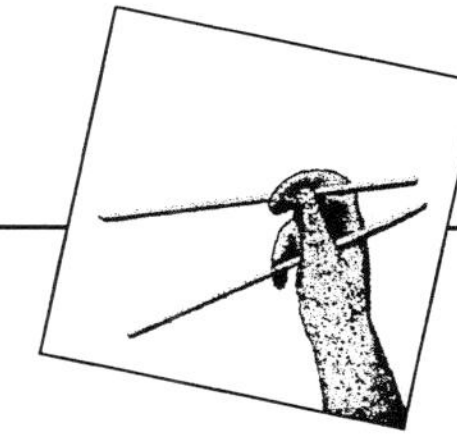

490 kcal / 2060 kJ pro Person

Material:

- *1 großer Topf*
- *1 kleiner Topf*
- *1 Kochmesser*
- *1 Kochlöffel*
- *1 Dosenöffner*

Zutaten für 4 Personen:

- *1 Dose Pizzatomaten*
- *2 Paprikaschoten*
- *2 Auberginen*
- *2 Zucchini*
- *1 mittelgroße Zwiebel*
- *1 Knoblauchzehe*
- *1/4 Liter Brühe*
- *300 g Reis*
- *Öl*
- *Salz, Pfeffer*

Zubereitung:

1. Die Zwiebel und die Knoblauchzehe schälen, kleinschneiden und in Öl glasig dünsten.
2. Anschließend das gewaschene und kleingeschnittene Gemüse dazugeben und mit der Brühe und den Pizzatomaten auffüllen.
3. Das Ganze mit Salz und Pfeffer würzen und für ca. 10 Minuten bei mittlerer Hitze garen lassen.
4. Das Ratatouille nochmals abschmecken und eventuell mit Salz und Pfeffer nachwürzen.

Den Reis gemäß der Packungsbeilage zubereiten und das Ratatouille darauf anrichten.

Paella

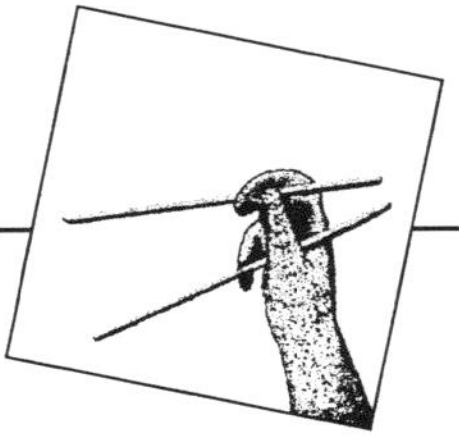

790 kcal / 3320 kJ pro Person

Material:

- *1 großer Topf*
- *1 Kochmesser*
- *1 Kochlöffel*
- *1 Dosenöffner*

Zutaten für 4 Personen:

- *1 Putenschnitzel*
- *1 Seelachsfilet*
- *150 g küchenfertige Krabben*
- *1 Paprikaschote*
- *1 kleine Dose Erbsen und Möhren*
- *1 Zitrone*
- *3/4 Liter Brühe*
- *1/8 Liter Öl*
- *400 g Reis*
- *Safran*
- *Salz, Pfeffer*

Zubereitung:

1. Das Puten- und Seelachsschnitzel kleinschneiden und zusammen mit den Krabben und dem rohen Reis in dem heißen Öl anbraten.
2. Anschließend das Ganze mit der Brühe ablöschen, aufkochen lassen und die abgetropften Erbsen und Möhren sowie die kleingeschnittene Paprikaschote dazugeben.
3. Die Paella mit Salz, Pfeffer und Safran abschmecken und unter ständigem Rühren solange kochen lassen, bis die Brühe verdunstet ist.
4. Nochmals abschmecken, eventuell mit Salz und Pfeffer nachwürzen und mit der geviertelten Zitrone garnieren.

Kräuterreis mit Schinkenstreifen

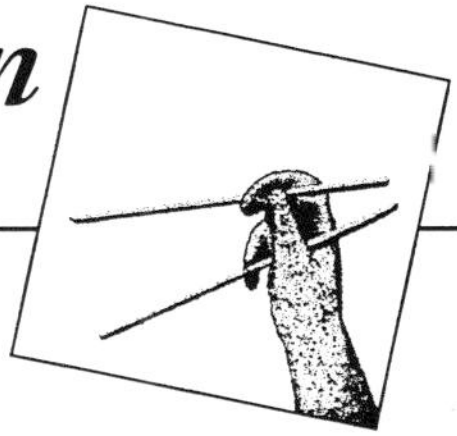

530 kcal / 2230 kJ pro Person

Material:

- *1 kleiner Topf*
- *1 Pfanne*
- *1 Kochmesser*
- *1 Kochlöffel*
- *1 Dosenöffner*

Zutaten für 4 Personen:

- *8 Scheiben gekochter Schinken*
- *100 g geriebener Emmentaler*
- *2 mittelgroße Tomaten*
- *1 Dose Spargelspitzen*
- *1 Bund Petersilie*
- *1 Bund Dill*
- *1 Bund Schnittlauch*
- *1/8 Liter Brühe*
- *300 g Reis*
- *Butter*
- *Salz, Pfeffer*

Zubereitung:

1. Den Schinken in feine Streifen schneiden und in Butter scharf anbraten.
2. Anschließend die Tomaten und die Kräuter waschen, kleinschneiden und zusammen mit den abgetropften Spargelspitzen zu dem Schinken geben.
3. Das Ganze mit der Brühe ablöschen und ca. 5 Minuten köcheln lassen.
4. Den Reis gemäß der Packungsbeilage zubereiten und zusammen mit den kleingeschnittenen Kräutern unter das Gemüse heben.
5. Den Kräuterreis abschmecken, eventuell mit Salz und Pfeffer nachwürzen und mit dem geriebenen Käse bestreuen.

Currythunfisch auf Reis

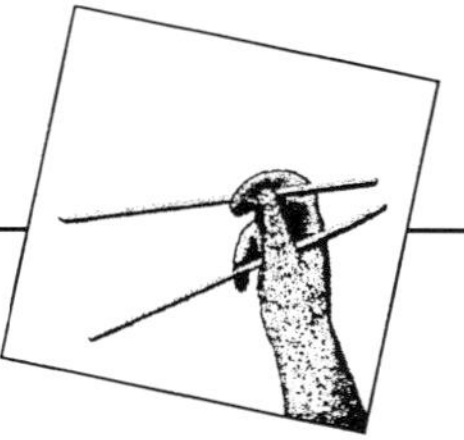

800 kcal / 3360 kJ pro Person

Material:

- *1 großer Topf*
- *1 kleiner Topf*
- *1 Kochlöffel*
- *1 Schneebesen*
- *4 Dosenöffner*

Zutaten für 4 Personen:

- *2 Dosen Thunfisch*
- *2 kleine Dosen Mandarinen*
- *1/2 Liter Milch*
- *200 g süße Sahne*
- *300 g Reis*
- *2 EL Butter*
- *2 EL Mehl*
- *Currypulver*
- *Salz, Pfeffer*

Zubereitung:

1. Die Butter im Topf schmelzen lassen und portionsweise mit dem Mehl verquirlen, bis die Mehlschwitze eine krümelige Konsistenz annimmt.
2. Anschließend durch etappenweises Unterrühren der Milch eine sämige Soße entstehen lassen, den zerbröselten Thunfisch und die abgetropften Mandarinen dazugeben und das Ganze mit den Gewürzen abschmecken.
3. Die Sahne dazugeben und alles bei mittlerer Hitze ca. 5 Minuten kochen lassen.
4. Den Currythunfisch nochmals abschmecken und eventuell mit Salz und Pfeffer nachwürzen.

Den Reis gemäß der Packungsbeilage zubereiten und den Currythunfisch darauf anrichten.

Ragoût fin

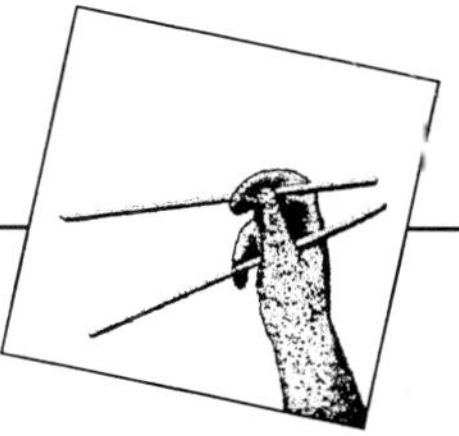

740 kcal / 3110 kJ pro Person

Material:

- *1 großer Topf*
- *1 kleiner Topf*
- *1 Kochmesser*
- *1 Kochlöffel*
- *3 Dosenöffner*

Zutaten für 4 Personen:

- *1 Grillhähnchen*
- *1 kleine Dose Champignons*
- *1 kleine Dose Erbsen und Möhren*
- *1 kleine Dose Spargelspitzen*
- *1/4 Liter Brühe*
- *200 g süße Sahne*
- *300 g Reis*
- *Salz, Pfeffer*

Zubereitung:

1. Das Hähnchenfleisch von Haut und Knochen lösen, kleinschneiden und in der Hühnerbrühe aufkochen lassen.
2. Anschließend das abgetropfte Gemüse dazugeben und das Ganze für ca. 10 Minuten köcheln lassen, mit der Sahne auffüllen und für weitere 5 Minuten einreduzieren lassen.
3. Das Ragoût fin nochmals abschmecken und eventuell mit Salz und Pfeffer nachwürzen.

Den Reis gemäß der Packungsbeilage zubereiten und das Ragoût fin darauf anrichten.

Rindergeschnetzeltes auf Reis

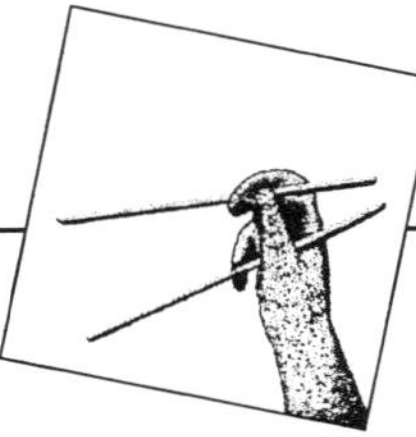

740 kcal / 3110 kJ pro Person

Material:

- *1 kleiner Topf*
- *1 Pfanne*
- *1 Kochmesser*
- *1 Kochlöffel*
- *1 Dosenöffner*

Zutaten für 4 Personen:

- *4 kleine Rinderrouladen*
- *1 mittelgroße Zwiebel*
- *1 Dose Champignons*
- *1/4 Liter Brühe*
- *200 g süße Sahne*
- *Butter*
- *300 g Reis*
- *Salz, Pfeffer*

Zubereitung:

1. Die Zwiebeln schälen, kleinschneiden und in Butter glasig dünsten.
2. Anschließend die abgetropften Pilze und die in Streifen geschnittenen Rouladen dazugeben und anbraten.
3. Das Ganze mit der Brühe und der Sahne ablöschen und für ca. 10 Minuten köcheln lassen.
4. Das Geschnetzelte nochmals abschmecken und eventuell mit Salz und Pfeffer nachwürzen.

Den Reis gemäß der Packungsbeilage zubereiten und das Geschnetzelte darauf anrichten.

Fleischgerichte

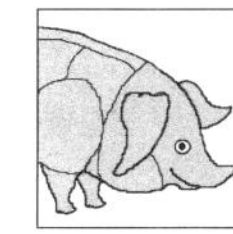

Königsberger Klopse

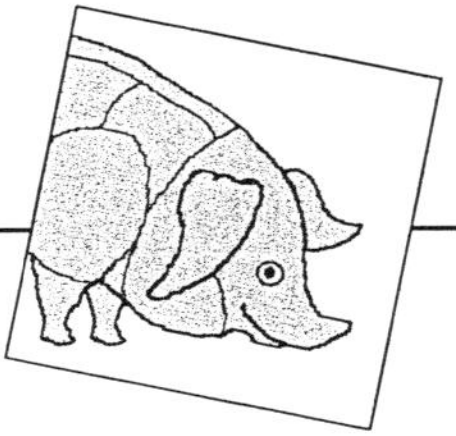

950 kcal / 3990 kJ pro Person

Material:

- *1 Rührschüssel*
- *1 großer Topf*
- *1 Kochmesser*

Zutaten für 4 Personen:

- *400 g Gehacktes halb Rind/halb Schwein*
- *1 Ei*
- *200 g süße Sahne*
- *2 TL Essig*
- *1 EL Kapern*
- *1 1/2 Liter Brühe*
- *1/2 Tasse Semmelbrösel*
- *Salz, Pfeffer*
- *Baguettebrot*

Zubereitung:

1. Das Gehackte mit dem Ei und den Semmelbröseln zu einem Teig verkneten und daraus kleine Klöße formen.
2. Anschließend die Klöße in die kochende Brühe geben und solange garen lassen, bis sie an die Oberfläche schwimmen.
3. Die Klöße entnehmen und einen halben Liter Brühe mit den Kapern, dem Essig und der süßen Sahne aufkochen lassen, nochmals abschmecken und eventuell mit Salz und Pfeffer nachwürzen.
4. Die Königsberger Klopse mit der Soße anrichten und mit dem Baguettebrot servieren.

Labskaus

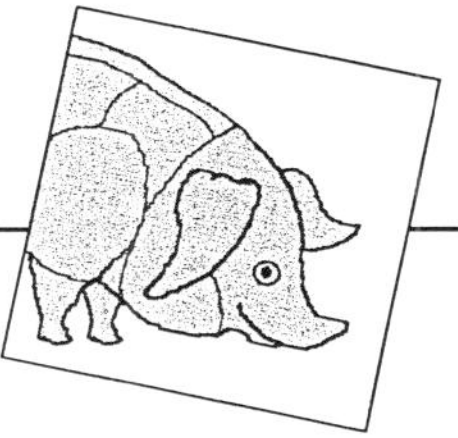

1120 kcal / 4700 kJ pro Person

Material:

- *1 großer Topf*
- *1 Pfanne*
- *1 Kochmesser*
- *1 Kartoffelstampfer*
- *1 Kochlöffel*

Zutaten für 4 Personen:

- *750 g Kartoffeln*
- *1 Gemüsezwiebel*
- *500 g Corned Beef*
- *4 Matjesfilets*
- *200 g Rote Bete*
- *1 Gewürzgurke*
- *4 Eier*
- *Öl*
- *Salz*
- *Pfeffer*

Zubereitung:

1. Die geschälten und in kleine Stücke geschnittenen Kartoffeln ca. 15 Minuten in Salzwasser garen.
2. Die Zwiebeln kleinschneiden und in etwas Öl goldgelb ausbraten.
3. Die Kartoffeln mit etwas Rote-Bete-Saft zerstampfen.
4. Das Fleisch, die Matjesfilets, die rote Bete und die Gewürzgurke in kleine Würfel schneiden und zusammen mit den Zwiebeln unter die Stampfkartoffeln heben.
5. Den Labskaus nochmals abschmecken und eventuell mit Salz und Pfeffer nachwürzen.

Währenddessen in einer Pfanne 4 Spiegeleier zubereiten, diese auf dem Labskaus anrichten und servieren.

Hackfleischpfannkuchen

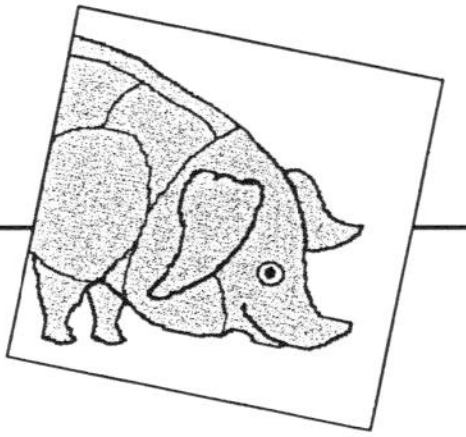

1070 kcal / 4490 kJ pro Person

Material:

- *1 kleiner Topf*
- *1 Pfanne*
- *1 Kochlöffel*
- *1 Dosenöffner*

Zutaten für 4 Personen:

- *300 g Rindergehacktes*
- *1 mittelgroße Zwiebel*
- *1 rote Paprikaschote*
- *1 Dose Pizzatomaten*
- *8 Eier*
- *250 g Mehl*
- *1/4 Liter Milch*
- *4 EL Butter*
- *Öl*
- *Salz*
- *Sambal Oelek*

Zubereitung:

1. Die Eier mit der Milch, der Butter und einer Prise Salz verrühren.
2. Anschließend portionsweise das Mehl unterrühren, so daß ein glatter Teig entsteht.
3. Je nach Größe der Pfanne 4 - 5 EL von dem Teig beidseitig in Öl goldbraun ausbacken.
4. Die Zwiebel schälen, kleinschneiden und zusammen mit der kleingeschnittenen Paprika in Öl anbraten. Anschließend portionsweise das Gehackte dazugeben und ebenfalls scharf anbraten.
5. Im Anschluß die Pizzatomaten dazugeben, mit Sambal Oelek abschmecken und für ca. 10 Minuten köcheln lassen.

Die Hackfleischsoße auf den Pfannkuchen verstreichen, diese in der Mitte zusammenklappen und servieren.

Hackfleischpüree

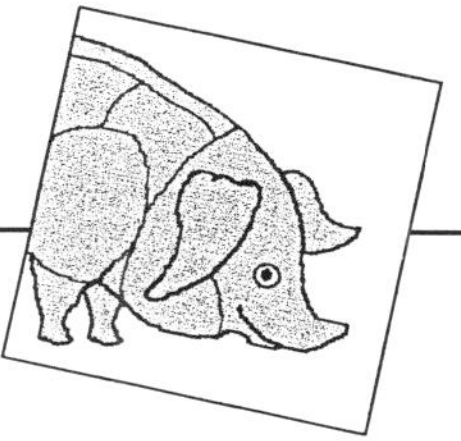

730 kcal / 3070 kJ pro Person

Material:

- *1 großer Topf*
- *1 kleiner Topf*
- *1 Kochmesser*
- *1 Kochlöffel*
- *1 Kartoffelstampfer*

Zutaten für 4 Personen:

- *400 g Rindergehacktes*
- *1 kg Kartoffeln*
- *1 mittelgroße Zwiebel*
- *4 mittelgroße Möhren*
- *1 Ei*
- *1/4 Liter Milch*
- *Butter*
- *Salz, Pfeffer*

Zubereitung:

1. Die Zwiebeln und Möhren schälen, kleinschneiden und in Butter andünsten.
2. Anschließend portionsweise das Gehackte dazugeben und in dem Zwiebel-Möhren-Gemüse gut durchbraten lassen.
3. Die Kartoffeln waschen, schälen, in kleine Stücke schneiden und für ca. 15 Minuten in Salzwasser gar kochen.
4. Zum Schluß die Kartoffeln mit der Butter, dem Ei, der Milch und dem Zwiebel-Möhren-Hack zu einem Püree verstampfen, das Ganze nochmals abschmecken, eventuell mit Salz und Pfeffer nachwürzen und servieren.

Birnen, Bohnen und Speck

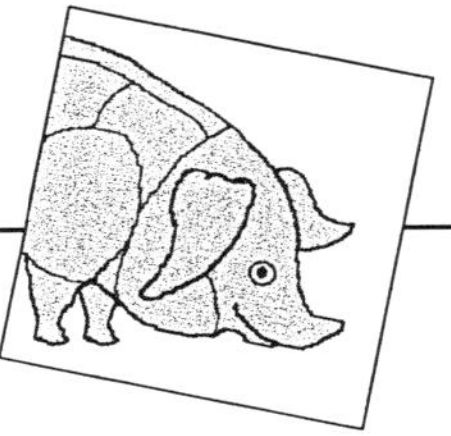

760 kcal / 3190 kJ pro Person

Material:

- *1 großer Topf*
- *1 Kochmesser*
- *1 Kochlöffel*

Zutaten für 4 Personen:

- *1 kg grüne Bohnen*
- *500 g kleine Kochbirnen*
- *500 g durchwachsener Speck*
- *2 Stengel Bohnenkraut*
- *Salz*
- *Pfeffer*

Zubereitung:

1. In einem Topf ca. 1 Liter Wasser zum Kochen bringen und den Speck darin ca. 15 Minuten kochen lassen.
2. Währenddessen die Bohnen waschen, putzen, in kleine Stücke brechen und zusammen mit dem Bohnenkraut zu dem Speck geben und für weitere 15 Minuten kochen lassen.
3. Anschließend die gewaschenen Birnen auf die Bohnen legen und für 20 Minuten mitkochen lassen.
4. Die Bohnen mit Salz und Pfeffer abschmecken und zusammen mit den Birnen und dem in Scheiben geschnittenen Speck servieren.

Kronfleisch mit Preiselbeeren

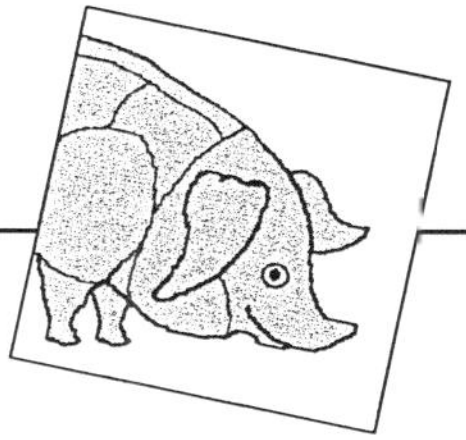

800 kcal / 3360 kJ pro Person

Material:

- *1 großer Topf*
- *1 Kochmesser*
- *1 Kochlöffel*

Zutaten für 4 Personen:

- *1 kg Kronfleisch*
- *1 Bund Suppengrün*
- *1 Bund Petersilie*
- *1 Bund Schnittlauch*
- *Salz*
- *1 Glas Sahnemeerrettich*
- *1 Glas Preiselbeeren*

Zubereitung:

1. Das Fleisch kalt waschen, trockentupfen und eventuelle Hautlappen entfernen.
2. Anschließend das Fleisch zusammen mit dem kleingeschnittenen Suppengrün und der Petersilie ca. 30 Minuten in 1 1/2 Liter Salzwasser kochen lassen.
3. Das Kronfleisch in Scheiben schneiden und mit dem kleingeschnittenen Schnittlauch garnieren.

Das Fleisch mit den Preiselbeeren anrichten und mit dem Sahnemeerrettich servieren.

Schweinegulasch mit Spätzle

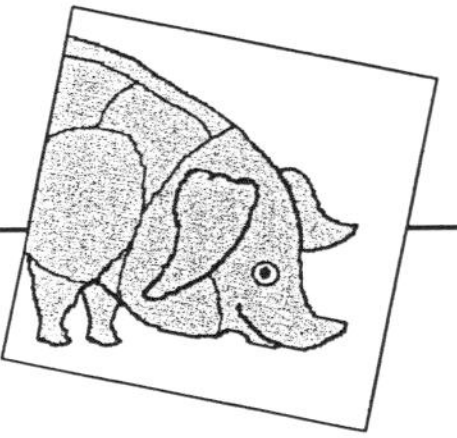

930 kcal / 3910 kJ pro Person

Material:

- *1 großer Topf*
- *1 kleiner Topf*
- *1 Kochmesser*
- *1 Kochlöffel*
- *1 Dosenöffner*

Zutaten für 4 Personen:

- *400 g Schweinegulasch*
- *1 mittelgroße Zwiebel*
- *1 kleine Dose Mandarinen*
- *1/4 Liter Altbier*
- *1/4 Liter Brühe*
- *Butter*
- *500 g Spätzle*
- *1 Lorbeerblatt*
- *Salz, Pfeffer*

Zubereitung:

1. Die Zwiebel schälen, kleinschneiden und in Butter glasig dünsten.
2. Das Schweinegulasch möglichst kleinschneiden, mit dem Lorbeerblatt zu der Zwiebel geben und kurz anbraten.
3. Das Ganze mit Salz und Pfeffer würzen, mit dem Altbier und der Brühe ablöschen, die abgetropften Mandarinen dazugeben und für ca. 15 Minuten unter gelegentlichem Umrühren einreduzieren lassen.
4. Das Gulasch nochmals abschmecken, eventuell mit Salz und Pfeffer nachwürzen und das Lorbeerblatt enfernen.

Die Spätzle ca. 10 Minuten in reichlich Salzwasser gar kochen und das Gulasch darauf anrichten.

Kalbsmedaillons in Morchelrahm

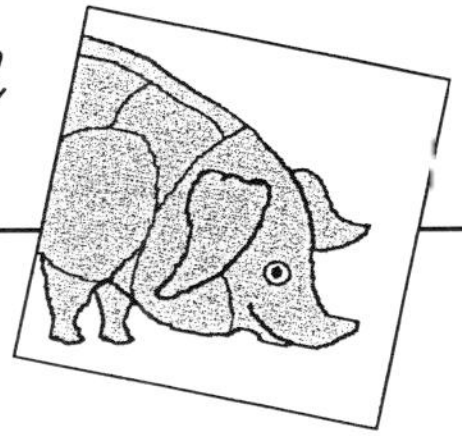

730 kcal / 3070 kJ pro Person

Material:

- *1 kleiner Topf*
- *1 Pfanne*
- *1 Kochlöffel*
- *1 Kochmesser*
- *1 Dosenöffner*

Zutaten für 4 Personen:

- *8 Kalbsmedaillons*
- *2 Scheiben gekochter Schinken*
- *2 mittelgroße Zwiebeln*
- *1 kleine Dose Morcheln*
- *1/4 Liter Brühe*
- *4 EL Crème fraîche*
- *Butter*
- *Salz, Pfeffer*
- *Baguettebrot*

Zubereitung:

1. Die Zwiebeln schälen, kleinschneiden und in Butter glasig dünsten. Den kleingeschnittenen Schinken und die abgetropften Morcheln dazugeben und bei mittlerer Hitze ca. 5 Minuten garen lassen. Das Ganze mit der Brühe ablöschen, die Crème fraîche unterheben, mit Salz und Pfeffer abschmecken und 5 Minuten köcheln lassen.
2. Die Kalbsmedaillons in heißer Butter anbraten, mit Salz und Pfeffer würzen und ca. 10 Minuten von beiden Seiten gut durchbraten.
3. Den Morchelrahm nochmals abschmecken, eventuell mit Salz und Pfeffer nachwürzen und zu den Kalbsmedaillons servieren. Baguettebrot dazu reichen.

Putenfilet in Mandarinensoße

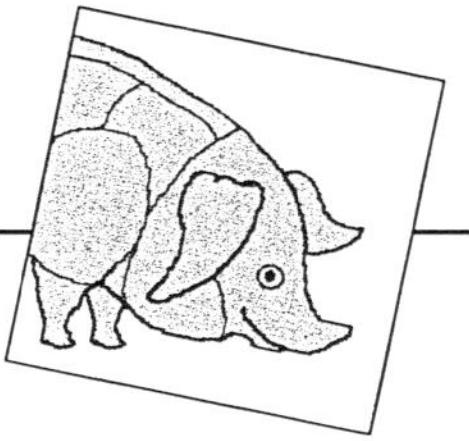

690 kcal / 2900 kJ pro Person

Material:

- *1 Pfanne*
- *1 Kochlöffel*
- *1 Schneebesen*
- *1 Dosenöffner*

Zutaten für 4 Personen:

- *4 Putenfilets*
- *1 Dose Mandarinen*
- *6 EL Crème fraîche*
- *Butter*
- *Currypulver*
- *Salz, Pfeffer*
- *Sesambrötchen*

Zubereitung:

1. Die Putenfilets beidseitig in Butter scharf anbraten, mit Salz und Pfeffer würzen und für weitere 10 Minuten gut durchbraten.
2. Anschließend das Fleisch entnehmen und in dem Sud 3 EL des Mandarinensaftes einreduzieren lassen, die Crème fraîche unterheben und die Soße mit den Gewürzen abschmecken.
3. Die Mandarinen dazugeben, das Ganze nochmals kurz aufkochen lassen und eventuell mit Salz und Pfeffer nachwürzen.

Die Putenfilets mit der Mandarinensoße anrichten und mit den Sesambrötchen servieren.

Fleischspieße in Erdnußsoße

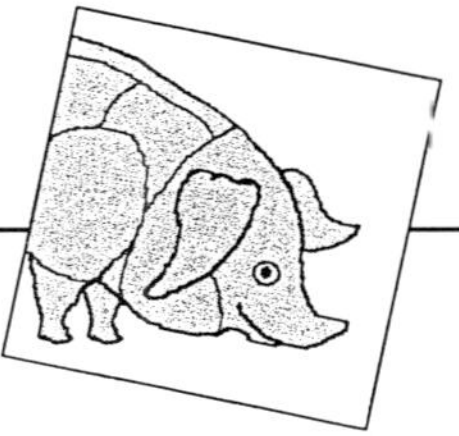

830 kcal / 3490 kJ pro Person

Material:

- *1 kleiner Topf*
- *1 Pfanne*
- *1 Kochlöffel*
- *1 Schneebesen*

Zutaten für 4 Personen:

- *4 küchenfertige Fleischspieße*
- *200 g süße Sahne*
- *300 g Reis*
- *100 g Erdnußbutter*
- *1 TL mittelscharfer Senf*
- *Butter*
- *Salz, Pfeffer*

Zubereitung:

1. Die Fleischspieße in Butter anbraten, mit Salz und Pfeffer würzen und von jeder Seite ca. 5 Minuten gut durchbraten.
2. Anschließend die Fleischspieße entnehmen, den verbliebenen Bratensaft mit der Sahne ablöschen und kurz aufkochen lassen.
3. Den Senf dazugeben und das Ganze mit der Erdnußbutter zu einer sämigen Soße verrühren.
4. Anschließend die Fleischspieße wieder zugeben und für weitere 5 Minuten in der Erdnußsoße köcheln lassen.
5. Die Erdnußsoße nochmals abschmecken und eventuell mit Salz und Pfeffer nachwürzen.

Den Reis gemäß der Packungsbeilage zubereiten und die Fleischspieße darauf anrichten.

Sonstige Gerichte

Chili con carne

1150 kcal / 4830 kJ pro Person

Material:

- *1 großer Topf*
- *1 Kochmesser*
- *1 Kochlöffel*
- *2 Dosenöffner*

Zutaten für 4 Personen:

- *500 g Rindergehacktes*
- *200 g Speckwürfel*
- *2 Dosen Kidney-Bohnen*
- *2 mittelgroße Zwiebeln*
- *4 Paprikaschoten*
- *5 mittelgroße Tomaten*
- *2 - 3 Pepperoni*
- *Butter*
- *Sambal Oelek*
- *Baguettebrot*

Zubereitung:

1. Die Zwiebeln schälen, kleinschneiden und zusammen mit dem Speck in Butter anbraten.
2. Anschließend portionsweise das Gehackte dazugeben, mit Sambal Oelek würzen und ebenfalls anbraten.
3. Die Tomaten, Paprikaschoten und Pepperoni waschen, kleinschneiden und zusammen mit dem Gehackten bei mittlerer Hitze ca. 10 Minuten kochen lassen.
4. Die abgetropften Kidney-Bohnen dazugeben und das Chili unter ständigem Rühren für weitere 5 Minuten köcheln lassen.
5. Das Ganze nochmals abschmecken, eventuell mit Sambal Oelek nachwürzen und mit dem Baguettebrot servieren.

Grünkohl mit Mettwurst

740 kcal / 3110 kJ pro Person

Material:

- *1 großer Topf*
- *1 Kochmesser*
- *1 Kochlöffel*

Zutaten für 4 Personen:

- *4 Mettwürstchen*
- *1 1/2 kg Grünkohl*
- *1 mittelgroße Zwiebel*
- *1/2 Liter Brühe*
- *125 g Schweineschmalz*
- *Salz, Pfeffer*
- *Senf*

Zubereitung:

1. Die Zwiebel schälen, kleinschneiden und in dem Schweineschmalz glasig dünsten.
2. Anschließend den Grünkohl von den Rippen streifen, waschen, kleinschneiden und zusammen mit der Brühe und den Würstchen bei mittlerer Hitze ca. 20 Minuten unter gelegentlichem Umrühren kochen.
3. Den Grünkohl nochmals abschmecken, eventuell mit Salz und Pfeffer nachwürzen und zusammen mit den Würstchen und dem Senf servieren.

Pandorato

720 kcal / 3020 kJ pro Person

Material:

- *1 Pfanne*
- *1 Rührschüssel*
- *1 Kochmesser*
- *1 Schneebesen*

Zutaten für 4 Personen:

- *100 g rohen Schinken*
- *150 g Mozzarella*
- *2 Eier*
- *1 Bund Basilikum*
- *1 Dose Sardellenfilets*
- *8 Scheiben Toastbrot*
- *1/4 Liter Milch*
- *Olivenöl*

Zubereitung:

1. Vier Scheiben Toastbrot jeweils mit dem Schinken, dem Mozzarella und den Sardellenfilets belegen und mit einer zweiten Toastscheibe abdecken.
2. Die Milch mit den beiden Eiern verquirlen und die belegten Toastbrote durch die Eiermilch ziehen.
3. Die Brote in Olivenöl beidseitig goldbraun backen.
4. Das Pandorato mit dem Basilikum garnieren und servieren.

Griechische Champignons

570 kcal / 2390 kJ pro Person

Material:

- *1 großer Topf*
- *1 Kochmesser*
- *1 Kochlöffel*
- *1 Dosenöffner*

Zutaten für 4 Personen:

- *800 g frische Champignons*
- *2 mittelgroße Zwiebeln*
- *2 Knoblauchzehen*
- *1 Bund Petersilie*
- *1 Dose Pizzatomaten*
- *1/4 Liter Brühe*
- *Butter*
- *1 Lorbeerblatt*
- *Salz, Pfeffer*
- *Baguettebrot*

Zubereitung:

1. Die Zwiebeln und den Knoblauch schälen, kleinschneiden und in Butter glasig dünsten.
2. Anschließend die gewaschenen, geputzten Champignons und das Lorbeerblatt dazugeben und alles bei mittlerer Hitze ca. 5 Minuten kochen lassen.
3. Das Ganze mit der Brühe und den Pizzatomaten auffüllen und für weitere 10 Minuten köcheln lassen.
4. Nach Entfernen des Lorbeerblattes das Gemüse nochmals abschmecken, eventuell mit Salz und Pfeffer nachwürzen, mit der kleingeschnittenen Petersilie garnieren und mit dem Baguettebrot servieren.

Lachsomelett

760 kcal / 3190 kJ pro Person

Material:

- *1 Rührschüssel*
- *1 Pfanne*
- *1 Kochmesser*
- *1 Kochlöffel*
- *1 Schneebesen*

Zutaten für 4 Personen:

- *8 Scheiben Räucherlachs*
- *8 Eier*
- *1 Bund Petersilie*
- *Öl*
- *Salz, Pfeffer*
- *Graubrot*

Zubereitung:

1. Die Eier in einer Schüssel mit einer Prise Salz und einer Prise Pfeffer verquirlen und in Öl bei mittlerer Hitze anbraten.
2. Anschließend den in Streifen geschnittenen Lachs dazugeben und mit dem Omelett ausbacken lassen.
3. Je 1/4 Omelett auf einer Graubrotscheibe anrichten, mit der kleingeschnittenen Petersilie garnieren und servieren.

Schellfisch mit Senfsoße

460 kcal / 1930 kJ pro Person

Material:

- *1 Pfanne*
- *1 kleiner Topf*
- *1 Kochlöffel*
- *1 Kochmesser*
- *1 Schneebesen*

Zutaten für 4 Personen:

- *4 Schellfischfilets à 150 g*
- *100 g Butter*
- *1/4 Liter Gemüsebrühe*
- *2 Eier*
- *1 Zitrone*
- *Mehl*
- *Zucker*
- *scharfer Senf*
- *Weinessig*
- *Salz, Pfeffer*

Zubereitung:

1. Die Schellfischfilets von beiden Seiten mit Salz und Pfeffer würzen und in 50 g Butter anbraten lassen.
2. Den angebratenen Fisch mit 125 ml Wasser ablöschen und ca. 20 Minuten dünsten lassen.
3. Währenddessen die restliche Butter in einem Topf schmelzen lassen und mit zwei Eßlöffeln Mehl verquirlen, bis die Mehlschwitze eine krümelige Konsistenz annimmt.
4. Anschließend die Gemüsebrühe portionsweise unterrühren, bis eine sämige Soße entsteht.
5. Die Eigelbe mit zwei EL Zitronensaft, zwei EL Senf und einer Prise Zucker verquirlen, dann alles nach und nach in die heiße, aber nicht mehr kochende Soße rühren. Die Senfsoße mit Salz, Pfeffer und Essig abschmecken und zu dem Fisch servieren.

Gebackener Camembert

1050 kcal / 4410 kJ pro Person

Material:

- *1 Pfanne*
- *1 Kochlöffel*

Zutaten für 4 Personen:

- *4 Camemberts*
- *2 Eier*
- *1 Bund Petersilie*
- *Öl*
- *Paniermehl*
- *Salz, Pfeffer*
- *Schwarzbrot*
- *1 Glas Preiselbeeren*

Zubereitung:

1. Den Camembert zuerst im Eiweiß und anschließend im Paniermehl wenden.
2. Anschließend in einer Pfanne reichlich Öl erhitzen und den Camembert darin beidseitig goldbraun frittieren.
3. Die Petersilie waschen und die Röschen ca. 1/2 Minute in dem Fett mitfrittieren lassen.
4. Den Camembert mit der frittierten Petersilie garnieren, mit den Preiselbeeren anrichten und mit Schwarzbrot servieren.

Tortilla

690 kcal / 2900 kJ pro Person

Material:

- *1 Rührschüssel*
- *1 Pfanne*
- *1 Kochmesser*
- *1 Kochlöffel*
- *1 Schneebesen*

Zutaten für 4 Personen:

- *800 g gekochte Kartoffeln*
- *2 Knoblauchzehen*
- *1 mittelgroße Zwiebel*
- *8 Eier*
- *Öl*
- *Salz, Pfeffer*

Zubereitung:

1. Die Zwiebeln und den Knoblauch schälen, kleinschneiden und in reichlich Öl glasig dünsten.
2. Die Kartoffeln in dünne Scheiben schneiden und den Pfannenboden damit auslegen.
3. Anschließend die Eier in einer Schüssel mit einer Prise Salz und einer Prise Pfeffer verrühren und über die Kartoffeln geben.
4. Die Tortilla beidseitig goldbraun ausbacken, eventuell mit Salz und Pfeffer nachwürzen und servieren.

Salate

WIR HÄTTEN SCHAUEN SOLLEN, WIEVIEL PAPRIKA WIR FÜR 4 PERSONEN BRAUCHEN !
OLAF '95

Griechischer Bauernsalat

860 kcal / 3610 kJ pro Person

Material:

- *1 Rührschüssel*
- *1 Kochmesser*
- *1 Kochlöffel*
- *1 Schneebesen*

Zutaten für 4 Personen:

- *6 mittelgroße Tomaten*
- *2 grüne Paprikaschoten*
- *150 g schwarze Oliven*
- *1 Salatgurke*
- *1 große Zwiebel*
- *200 g Schafskäse*
- *6 EL Olivenöl*
- *3 EL Weinessig*
- *Salz, Pfeffer*
- *Baguette- oder Fladenbrot*

Zubereitung:

1. Das Olivenöl und den Weinessig in die Schüssel geben, mit den Gewürzen abschmecken und zu einem Dressing verrühren.
2. Anschließend das Gemüse waschen, säubern und bis auf die Oliven kleinschneiden, hierbei die Tomaten vierteln und die Zwiebeln in Ringe schneiden.
3. Die Oliven und den in ca. 1 cm große Würfel geschnittenen Schafskäse zusammen mit dem restlichen Gemüse locker in der Schüssel vermischen.

Den Bauernsalat ca. 1/2 Stunde ziehen lassen und mit dem Baguette- oder Fladenbrot servieren.

Käsesalat

1060 kcal / 4450 kJ pro Person

Material:

- *1 Rührschüssel*
- *1 Kochmesser*
- *1 Kochlöffel*
- *1 Schneebesen*
- *1 Dosenöffner*

Zutaten für 4 Personen:

- *500 g junger Gouda am Stück*
- *2 Bananen*
- *1 Apfel*
- *1 Bund Petersilie*
- *3 Essiggurken*
- *1 Dose Mandarinen*
- *3 EL saure Sahne*
- *4 EL süße Sahne*
- *1 Zitrone*
- *1 TL Senf*
- *2 EL Ketchup*
- *Salz, Pfeffer*
- *Baguettebrot*

Zubereitung:

1. Die Sahne zusammen mit dem Saft der Zitrone, dem Senf und dem Ketchup zu einem Dressing verrühren und mit Salz und Pfeffer abschmecken.
2. Den Käse, die Bananen, den Apfel und die Essiggurken in kleine Würfel schneiden und unter das Dressing heben.

Den fertigen Salat mit der kleingeschnittenen Petersilie und den abgetropften Mandarinen garnieren, für ca. 1/2 Stunde ziehen lassen und mit dem Baguettebrot servieren.

Geflügel-Nudel-Salat

1490 kcal / 6260 kJ pro Person

Material:

- *1 Rührschüssel*
- *1 großer Topf*
- *1 Kochmesser*
- *1 Kochlöffel*
- *2 Dosenöffner*

Zutaten für 4 Personen:

- *1/2 Grillhähnchen*
- *1 kleine Dose Champignons*
- *200 g Schweizer Emmentaler am Stück*
- *1 kleine Dose Erbsen*
- *1 kleines Glas Mayonnaise*
- *3 EL Öl*
- *2 EL Essig*
- *500 g Nudeln*
- *Salz, Pfeffer*
- *Vollkornbrot*

Zubereitung:

1. Die Nudeln ca. 10 Minuten in reichlich Salzwasser gar kochen und abkühlen lassen.
2. Die Mayonnaise mit dem Öl und dem Essig zu einem Dressing verrühren und mit Salz und Pfeffer abschmecken.
3. Das Hähnchenfleisch von Haut und Knochen lösen, kleinschneiden und den Emmentaler in ca. 1 cm große Würfel schneiden.
4. Anschließend die Champignons, die Erbsen, die Nudeln, das Hähnchenfleisch und den Emmentaler unter das Dressing heben.

Den Geflügel-Nudel-Salat ca. 1/2 Stunde ziehen lassen und mit dem Vollkornbrot servieren.

Spargelcocktail

850 kcal / 3570 kJ pro Person

Material:

- *1 Rührschüssel*
- *1 Kochmesser*
- *1 Kochlöffel*
- *1 Schneebesen*
- *4 Dosenöffner*

Zutaten für 4 Personen:

- *2 kleine Dosen Mandarinen*
- *2 Dosen Spargelspitzen*
- *1 Bund Petersilie*
- *200 g süße Sahne*
- *120 g Mayonnaise*
- *2 TL Zitronensaft*
- *Salz, Pfeffer*
- *Baguettebrot*

Zubereitung:

1. Die Sahne mit dem Schneebesen halbsteif schlagen und mit je 2 TL Mandarinen- und Zitronensaft verrühren.
2. Anschließend die Mayonnaise unterrühren und das Dressing mit Salz und Pfeffer abschmecken.
3. Die abgetopften Spargelspitzen in kleine Stücke schneiden und zusammen mit den abgetropften Mandarinen vorsichtig unter das Dressing heben.

Den Spargelcocktail mit der kleingeschnittenen Petersilie garnieren und mit dem Baguettebrot servieren.

Warmer Kartoffelsalat mit Speck

700 kcal / 2940 kJ pro Person

Material:

- *1 großer Topf*
- *1 Pfanne*
- *1 Kochmesser*
- *1 Kochlöffel*

Zutaten für 4 Personen:

- *250 g durchwachsener Speck*
- *1 kg Kartoffeln*
- *2 mittelgroße Zwiebeln*
- *1 Bund Petersilie*
- *1 Bund Schnittlauch*
- *1/8 Liter Brühe*
- *2 - 3 EL Öl*
- *4 EL Essig*
- *Salz, Pfeffer*

Zubereitung:

1. Die geschälten Kartoffeln in einen großen Topf geben, ca. 20 Minuten in Salzwasser gar kochen und anschließend in Scheiben schneiden.
2. Die Zwiebeln schälen, kleinschneiden und zusammen mit dem gewürfelten Speck in Öl anbraten.
3. Das Ganze mit der Brühe und dem Essig ablöschen und einreduzieren lassen.
4. Die in Scheiben geschnittenen Kartoffeln zusammen mit dem kleingeschnittenen Schnittlauch vorsichtig unter den Zwiebelsud heben und das Ganze mit Salz und Pfeffer abschmecken.

Den Kartoffelsalat mit der kleingeschnittenen Petersilie garnieren und servieren.

Eiersalat Rotterdam

1110 kcal / 4660 kJ pro Person

Material:

- *1 Rührschüssel*
- *1 großer Topf*
- *1 Kochmesser*
- *1 Kochlöffel*
- *1 Dosenöffner*

Zutaten für 4 Personen:

- *8 hartgekochte Eier*
- *1 Dose Sardellenfilets*
- *2 mittelgroße Tomaten*
- *2 Gewürzgurken*
- *250 g Mayonnaise*
- *100 g süße Sahne*
- *2 TL mittelscharfer Senf*
- *2 TL Zitronensaft*
- *Salz, Pfeffer*
- *4 Roggenbrötchen*

Zubereitung:

1. Die Mayonnaise zusammen mit der süßen Sahne, dem Senf und dem Zitronensaft zu einem Dressing verrühren und mit Salz und Pfeffer abschmecken.
2. Die Eier in Scheiben schneiden und zusammen mit den kleingeschnittenen Sardellenfilets, den gewürfelten Tomaten und den Gurken in die Schüssel geben und unter das Dressing heben.

Den Eiersalat ca. 15 Minuten ziehen lassen und mit den Roggenbrötchen servieren.

Tsatsiki

790 kcal / 3320 kJ pro Person

Material:

- *1 Rührschüssel*
- *1 Kochmesser*
- *1 Kochlöffel*

Zutaten für 4 Personen:

- *1 kg Magerquark*
- *1 Salatgurke*
- *1 Gemüsezwiebel*
- *6 Knoblauchzehen*
- *Olivenöl*
- *Salz*
- *Pfeffer*
- *1 großes Baguettebrot*

Zubereitung:

1. Den Quark in eine Schüssel geben und mit einem Schuß Olivenöl glattrühren.
2. Anschließend die Zwiebel und die Salatgurke schälen, in kleine Würfel schneiden und zusammen mit den zerdrückten Knoblauchzehen unter den Quark heben.
3. Das Ganze mit Salz und Pfeffer abschmecken.

Das Tsatsiki eine halbe Stunde lang ziehen lassen und mit dem Baguettebrot servieren.

Endiviensalat mit Matjesfilet

780 kcal / 3280 kJ pro Person

Material:

- *1 Rührschüssel*
- *1 großer Topf*
- *1 Kochmesser*
- *1 Kochlöffel*

Zutaten für 4 Personen:

- *4 Matjesfilets*
- *1 mittelgroßer Endiviensalat*
- *500 g gekochte Kartoffeln*
- *1 mittelgroße Zwiebel*
- *3 EL Zitronensaft*
- *150 g Joghurt*
- *3 EL Öl*
- *Salz, Pfeffer*
- *Vollkornbrot*

Zubereitung:

1. Den Joghurt zusammen mit dem Öl und dem Zitronensaft zu einem Dressing verrühren und mit Salz und Pfeffer abschmecken.
2. Anschließend den Endiviensalat waschen, säubern, in Streifen schneiden und zusammen mit den in Scheiben geschnittenen Kartoffeln, der in feine Ringe geschnittenen Zwiebel und den kleingeschnittenen Matjesfilets unter das Dressing heben.

Den Endiviensalat ca. 15 Minuten ziehen lassen und mit dem Vollkornbrot servieren.

Californiasalat

1150 kcal / 4830 kJ pro Person

Material:

- *1 Rührschüssel*
- *1 Kochmesser*
- *1 Kochlöffel*
- *1 Schneebesen*
- *4 Dosenöffner*

Zutaten für 4 Personen:

- *250 g gekochter Schinken in Scheiben*
- *250 g junger Gouda in Scheiben*
- *2 mittelgroße Äpfel*
- *400 g Trauben*
- *1 mittelgroßer Kopfsalat*
- *1 kleine Dose Ananas in Stücken*
- *1 kleine Dosen Mandarinen*
- *1 Ei*
- *200 g süße Sahne*
- *50 g Mayonnaise*
- *2 TL Zitronensaft*
- *Salz, Pfeffer*
- *Baguettebrot*

Zubereitung:

1. Die Sahne mit Eigelb, Mayonnaise und Zitronensaft verrühren und mit Salz und Pfeffer abschmecken.
2. Anschließend die Äpfel schälen, würfeln und zusammen mit den halbierten, entkernten Trauben sowie den abgetropften Mandarinen- und Ananasstückchen in die Schüssel geben.
3. Den Kopfsalat waschen, wie den Schinken und den Gouda in Streifen schneiden und zu dem Obst geben.

Den Salat vorsichtig unter das Dressing heben, ca. 15 Minuten ziehen lassen und mit dem Baguettebrot servieren.

Krabbencocktail

820 kcal / 3440 kJ pro Person

Material:

- *1 Rührschüssel*
- *1 Kochmesser*
- *1 Kochlöffel*
- *1 Schneebesen*
- *1 Dosenöffner*

Zutaten für 4 Personen:

- *300 g küchenfertige Krabben*
- *1 mittelgroßer Kopfsalat*
- *1 Dose Ananas in Stücken*
- *100 g süße Sahne*
- *120 g Tomatenketchup*
- *120 g Mayonnaise*
- *2 TL Zitronensaft*
- *Salz, Pfeffer*
- *Toastbrot*

Zubereitung:

1. Die Sahne mit der Mayonnaise, dem Ketchup und dem Zitronensaft zu einem Dressing verrühren und mit Salz und Pfeffer abschmecken.
2. Den Kopfsalat waschen, in Streifen schneiden und zusammen mit den Krabben und den abgetropften Ananasstücken unter das Dressing heben.

Den Krabbencocktail ca. 15 Minuten ziehen lassen und mit dem Toastbrot servieren.

Ananassalat auf Äpfeln

770 kcal / 3230 kJ pro Person

Material:

- *1 Rührschüssel*
- *1 Kochmesser*
- *1 Kochlöffel*
- *1 Schneebesen*
- *1 Dosenöffner*

Zutaten für 4 Personen:

- *1 mittelgroßer Kopfsalat*
- *2 Stangen Sellerie*
- *4 mittelgroße Apfel*
- *1 Zitrone*
- *4 mittelgroße Tomaten*
- *1 Dose Ananas in Stücken*
- *100 g Mayonnaise*
- *150 g Joghurt*
- *Salz, Pfeffer*
- *Weißbrot*

Zubereitung:

1. Die Mayonnaise mit dem Joghurt und 2 TL Zitronensaft zu einem Dressing verrühren und mit Salz und Pfeffer abschmecken.
2. Anschließend den Kopfsalat waschen, in Streifen schneiden und zusammen mit den gewürfelten Tomaten, den abgetropften Ananas und dem in feine Ringe geschnittenen Sellerie unter das Dressing heben.
3. Die Äpfel waschen, schälen, in Viertel schneiden und das Kerngehäuse entfernen.

Den Salat auf den Apfelvierteln anrichten, ca. 15 Minuten ziehen lassen und mit dem Weißbrot servieren.

Hirschspeck auf Feldsalat

920 kcal / 3860 kJ pro Person

Material:

- *1 Rührschüssel*
- *1 Kochmesser*
- *1 Kochlöffel*
- *1 Schneebesen*

Zutaten für 4 Personen:

- *200 g gewürfelten Hirschspeck*
- *2 Schachteln Feldsalat*
- *1 Schalotte*
- *2 Scheiben Toastbrot*
- *Butter*
- *8 EL Walnußöl*
- *6 EL Weißweinessig*
- *Salz, Pfeffer*
- *Baguettebrot*

Zubereitung:

1. Die Schalotte schälen, kleinschneiden und zusammen mit dem Hirschspeck in reichlich heißer Butter anbraten.
2. Anschließend die Toastbrotscheiben in kleine Würfel schneiden und kurz mitrösten lassen.
3. In einer Schüssel das Öl mit dem Essig zu einem Dressing verrühren und mit Salz und Pfeffer abschmecken.
4. Den Feldsalat waschen und unter das Dressing heben.

Den Feldsalat mit dem Speck und den Brotwürfeln anrichten, kurz ziehen lassen und mit dem Baguettebrot servieren.

Süßspeisen

JA DOCH, GUTE FRAU... ... EINBRECHER ... ...ICH WEISS ... ICH HAB IHNEN DOCH SCHON DREI MAL GESAGT, DASS WIR GLEICH KOMMEN!
NUR NOCH DER NACHTISCH!
OLAF'95

Quarkomelett

950 kcal / 3990 kJ pro Person

Material:

- *1 Rührschüssel*
- *1 Pfanne*
- *1 Schneebesen*

Zutaten für 4 Personen:

- *200 g Mehl*
- *10 Eier*
- *500 g Quark*
- *125 g Zucker*
- *1/2 TL Salz*
- *Öl*
- *Puderzucker*

Zubereitung:

1. Die Eier, den Quark, das Salz und den Zucker zusammen mit 1/4 Liter Wasser in einer Schüssel schaumig rühren.
2. Anschließend portionsweise das Mehl dazugeben und mit der Masse verrühren, so daß ein glatter Teig entsteht.
3. Jeweils 5 - 6 EL von dem Teig in eine Pfanne geben und beidseitig in Öl goldbraun backen.

Die Quarkomeletts mit Puderzucker bestäuben und servieren.

Crèpes Suzette

840 kcal / 3530 kJ pro Person

Material:

- *1 Rührschüssel*
- *1 Pfanne*
- *1 Kochlöffel*
- *1 Schneebesen*

Zutaten für 4 Personen:

- *8 Eier*
- *200 g Mehl*
- *1/4 Liter Milch*
- *4 EL Butter*
- *Puderzucker*
- *Salz*
- *Öl*
- *Grand Manier*

Zubereitung:

1. Die Eier mit der Milch, der Butter, einer Prise Salz und zwei EL Puderzucker schaumig rühren.
2. Anschließend portionsweise das Mehl dazugeben und mit der Masse verrühren, so daß ein glatter Teig entsteht.
3. Je nach Größe der Pfanne 4 - 5 EL von dem Teig in Öl beidseitig goldbraun backen.
4. Die Crèpes Suzettes mit Grand Manier benetzen, evtl. flambieren, mit Puderzucker bestäuben und servieren.

Arme Ritter

850 kcal / 3570 kJ pro Person

Material:

- *1 Rührschüssel*
- *1 Pfanne*
- *1 Schneebesen*

Zutaten für 4 Personen:

- *16 Scheiben Weißbrot*
- *6 Eier*
- *4 EL Zucker*
- *Marmelade*
- *Butter*

Zubereitung:

1. Die Eier in einen tiefen Teller geben und zusammen mit dem Zucker schaumig rühren.
2. Anschließend die Weißbrotscheiben durch die Eimasse ziehen und in Butter beidseitig goldbraun backen.

Die „Armen Ritter" mit Marmelade bestreichen und servieren.

Quarkkeulchen

940 kcal / 3950 kJ pro Person

Material:

- *1 Rührschüssel*
- *1 Pfanne*
- *1 Kochlöffel*
- *1 Schneebesen*

Zutaten für 4 Personen:

- *1 kg gekochte Kartoffeln*
- *500 g Magerquark*
- *150 g Mehl*
- *4 Eier*
- *100 g Zucker*
- *100 g Rosinen*
- *Butter*
- *1/2 TL Salz*
- *Puderzucker*

Zubereitung:

1. Die Kartoffeln zusammen mit dem Mehl, dem Salz, den Eiern, dem Zucker, den Rosinen und dem Quark zu einem Teig verkneten.
2. Aus dem Teig handtellergroße, etwa fingerdicke Scheiben formen und in Butter von jeder Seite etwa 5 Minuten goldbraun backen.

Die Quarkkeulchen mit Puderzucker bestäuben und servieren.

Kaiserschmarrn

940 kcal / 3950 kJ pro Person

Material:

- *1 Rührschüssel*
- *1 Pfanne*
- *1 Kochlöffel*
- *1 Schneebesen*

Zutaten für 4 Personen:

- *8 Eier*
- *1/4 Liter Milch*
- *250 g Mehl*
- *4 EL Butter*
- *75 g Rosinen*
- *2 EL Puderzucker*
- *Salz*
- *Öl*

Zubereitung:

1. Die Eier zusammen mit der Milch, dem Puderzucker, der Butter und einer Prise Salz schaumig rühren. Anschließend portionsweise das Mehl dazugeben und mit der Masse verrühren, so daß ein glatter Teig entsteht.
2. Dann die Rosinen unter den Teig rühren und das Ganze für ca. 1/2 Stunde ruhen lassen.
3. Je nach Größe der Pfanne 4 - 5 EL von dem Teig in Öl anbraten, mit einem Kochlöffel in Stücke zerteilen und beidseitig goldbraun ausbacken.

Den Kaiserschmarrn mit Puderzucker bestäuben und servieren.

Kirschklöße

820 kcal / 3440 kJ pro Person

Material:

- *1 Rührschüssel*
- *1 großer Topf*
- *1 kleiner Topf*
- *1 Kochlöffel*
- *1 Schneebesen*

Zutaten für 4 Personen:

- *1 Glas entsteinte Sauerkirschen*
- *4 Eier*
- *1 Toastbrot*
- *50 g Butter*
- *Zucker*
- *Salz*
- *1 Glas Vanillesoße*

Zubereitung:

1. Das zerkleinerte Toastbrot mit den Eigelben, der Butter und den abgetropften Sauerkirschen zu einem Teig verkneten.
2. Anschließend das steifgeschlagene Eiweiß portionsweise unter die Masse heben und den Teig mit Zucker abschmecken.
3. Von dem Teig mit einem nassen Eßlöffel Klöße abstechen und diese in kochendem Salzwasser für ca. 5 - 10 Minuten garen lassen.
4. Die Vanillesoße in einem kleinen Topf erhitzen, die Kirschklöße damit anrichten und servieren.

Marillenknödel

960 kcal / 4030 kJ pro Person

Material:

- *1 Rührschüssel*
- *1 großer Topf*
- *1 Pfanne*
- *1 Kochlöffel*
- *1 Kochmesser*
- *1 Schneebesen*

Zutaten für 4 Personen:

- *8 Aprikosen*
- *8 Stück Würfelzucker*
- *1 Ei*
- *500 g Quark*
- *100 g Sahne*
- *250 g Mehl*
- *100 g Butter*
- *100 g Semmelbrösel*
- *Zucker*
- *Zimt*
- *Salz*

Zubereitung:

1. Aus 250 g Quark, einer Prise Salz, dem Mehl und ca. 60 g Butter einen Teig kneten und diesen für 20 Minuten ruhen lassen.
2. Die gewaschenen und durch einen seitlichen Schnitt entsteinten Aprikosen mit je einem Stück Würfelzucker füllen.
3. Anschließend aus dem Teig acht Knödel formen, bei denen jeweils in der Mitte eine gefüllte Aprikose eingearbeitet wird.
4. Die gefüllten Knödel in kochendes Salzwasser geben und ca. 10 Minuten garen lassen.
5. Die Semmelbrösel in 40 g Butter goldbraun anrösten und die fertigen Marillenknödel darin wälzen.
6. Den restlichen Quark mit der Sahne verrühren, mit dem Zucker abschmecken, über die fertigen Marillenknödel geben und das Ganze mit Zimt bestäuben.

Mousse au chocolat

890 kcal / 3740 kJ pro Person

Material:

- *1 Rührschüssel*
- *1 großer Topf*
- *1 Kochmesser*
- *1 Kochlöffel*
- *1 Schneebesen*

Zutaten für 4 Personen:

- *200 g Blockschokolade*
- *125 g Butter*
- *6 Eier*
- *150 g Zucker*
- *1 Tasse Mokka*

Zubereitung:

1. Das Eigelb vom Eiweiß trennen und zusammen mit dem Zucker schaumig rühren.
2. Die Butter in einem Topf zerlaufen lassen, die zerbröckelte Schokolade dazugeben und unter ständigem Rühren schmelzen lassen.
3. Die Eigelbmasse mit dem Mokka verrühren und portionsweise unter die flüssige Schokolade rühren.
4. Anschließend das steifgeschlagene Eiweiß vorsichtig unter die Masse heben, die Creme in Schälchen füllen und für mindestens eine Stunde kalt stellen.

Tiramisù

950 kcal / 3990 kJ pro Person

Material:

- *1 Rührschüssel*
- *1 Schüssel*
- *1 Kochlöffel*
- *1 Schneebesen*

Zutaten für 4 Personen:

- *4 Eier*
- *500 g Mascarpone*
- *4 EL Kaffeelikör*
- *8 EL Puderzucker*
- *24 Löffelbiskuits*
- *1/8 Liter Espresso oder sehr stark aufgebrühter Kaffee*
- *Kakaopulver*

Zubereitung:

1. Das Eigelb vom Eiweiß trennen und zusammen mit dem Puderzucker und dem Likör schaumig rühren.
2. Anschließend portionsweise den Mascarpone dazugeben und mit der Masse verrühren, so daß eine Creme entsteht.
3. Die mit dem Espresso beträufelten Löffelbiskuits abwechselnd mit der Mascarponecreme in einer Schüssel schichten, wobei die erste und letzte Lage jeweils eine Cremeschicht sein sollte.
4. Das Tiramisù mit Kakaopulver bestäuben und für ca. 30 Minuten ziehen lassen.

Gebratene Bananen

670 kcal / 2810 kJ pro Person

Material:

- *1 Pfanne*
- *1 Kochlöffel*
- *1 Kochmesser*

Zutaten für 4 Personen:

- *4 Bananen*
- *1 Zitrone*
- *2 Päckchen Vanillezucker*
- *4 EL Cointreau*
- *8 EL Mandelsplitter*
- *Butter*
- *Vanilleeis*

Zubereitung:

1. Die Bananen schälen, längs halbieren und mit dem Saft der Zitrone benetzen.
2. Anschließend die Bananen mit Vanillezucker bestreuen und von jeder Seite ca. 1 Minute in Butter goldbraun braten.
3. Die Bananen mit den Mandelsplittern bestreuen, mit Cointreau flambieren und mit dem Vanilleeis anrichten.

Zwiebacksuppe

515 kcal / 2163 kJ pro Person

Material:

- *1 Kochlöffel*
- *1 Kochmesser*
- *1 Kochtopf*
- *1 Küchenschüssel*

Zutaten für 4 Personen:

- *1 1/2 Liter Milch*
- *15 Zwiebacke*
- *2 Päckchen Vanillesoße*
- *Zucker zur Zubereitung der Soße*

Zubereitung:

1. Einen halben Liter Milch in einem Topf erhitzen.
2. Den Zwieback in eine Schüssel geben und mit der heißen Milch aufgießen.
3. Aus dem Rest der Milch zusammen mit dem Soßenpulver und dem Zucker gemäß der Packungsbeilage eine Vanillesauce herstellen, das Ganze über die Zwiebackmasse geben und servieren.

Bayerische Creme

1240 kcal / 5120 kJ pro Person

Material:

- *1 Rührschüssel*
- *1 kleiner Topf*
- *1 Schneebesen*

Zutaten für 4 Personen:

- *8 Eier*
- *1/2 Liter Milch*
- *500 g süße Sahne*
- *250 g Puderzucker*
- *12 Blatt weiße Gelatine*
- *1 Päckchen Vanillezucker*
- *Salz*

Zubereitung:

1. Die Milch mit einer Prise Salz und dem Vanillezucker aufkochen lassen.
2. Anschließend die Eigelbe mit dem Puderzucker schaumig rühren und portionsweise die heiße Milch dazugeben. Die Gelatine in kaltem Wasser einweichen.
3. Die Eiermilch unter ständigem Rühren erneut erhitzen, aber nicht kochen lassen, und die ausgedrückte Gelatine darin auflösen.
4. Sobald die Creme anfängt, dickflüssiger zu werden, die Sahne steif schlagen und vorsichtig unterheben.
5. Die Creme in die Schüssel füllen und fest werden lassen.

Gerichte für eine Person

(falls mal wieder keiner Lust hat mitzukochen)

Zwiebelfleisch

740 kcal / 3110 kJ pro Person

Material:

- *1 kleiner Topf*
- *1 Pfanne*
- *1 Kochmesser*
- *1 Kochlöffel*
- *1 Kartoffelstampfer*

Zutaten für 1 Person:

- *1 kleines Rumpsteak*
- *2 - 3 mittelgroße Kartoffeln*
- *1 Gemüsezwiebel*
- *1/8 Liter Milch*
- *Butter*
- *Salz, Pfeffer*

Zubereitung:

1. Die Zwiebel schälen, in Ringe schneiden und in Butter glasig dünsten.
2. Anschließend das Rumpsteak kleinschneiden und anbraten, mit Salz und Pfeffer würzen und für weitere 10 Minuten durchbraten.
3. Die Kartoffeln schälen und in Salzwasser 20 Minuten gar kochen, anschließend das Wasser abgießen und die Kartoffeln mit der Milch und einem EL Butter zu einem Püree verstampfen.
4. Das Kartoffelpüree nochmals abschmecken, eventuell mit Salz und Pfeffer nachwürzen und zusammen mit dem Zwiebelfleisch servieren.

Geflügelleberpfanne

1210 kcal / 5080 kJ pro Person

Material:

- *1 kleiner Topf*
- *1 Pfanne*
- *1 Kochmesser*
- *1 Kochlöffel*

Zutaten für 1 Person:

- *125 g Geflügelleber*
- *1 Zucchini*
- *3 EL Brühe*
- *50 g süße Sahne*
- *Mehl*
- *100 g Spätzle*
- *Butter*
- *Salz, Pfeffer*

Zubereitung:

1. Die Leber waschen, mit Salz und Pfeffer würzen, in Mehl wenden und in der Butter beidseitig scharf anbraten.
2. Anschließend die gewaschenen und in Scheiben geschnittenen Zucchini dazugeben, kurz anbraten und mit der Sahne und der Brühe ablöschen.
3. Das Ganze für 10 Minuten bei mittlerer Hitze garen lassen und eventuell mit Salz und Pfeffer nachwürzen.

Die Spätzle ca. 10 Minuten in Salzwasser gar kochen und die Geflügelleber darauf anrichten.

Sauerrahm-Kartoffeln

780 kcal / 3280 kJ pro Person

Material:

- *1 Rührschüssel*
- *1 kleiner Topf*
- *1 Kochmesser*
- *1 Kochlöffel*

Zutaten für 1 Person:

- *2 große Kartoffeln*
- *1 Päckchen Küchenkresse*
- *2 Scheiben Nußschinken*
- *150 g saure Sahne*
- *Salz, Pfeffer*

Zubereitung:

1. Die Kartoffeln waschen und in Salzwasser ca. 20 Minuten gar kochen.
2. Die Kresse waschen, unter den Sauerrahm heben und das Ganze mit Salz und Pfeffer abschmecken.

Die Kartoffeln mit dem Sauerrahm anrichten und zusammen mit dem Nußschinken servieren.

Bohnen-Kartoffelpüree

900 kcal / 3780 kJ pro Person

Material:

- *1 kleiner Topf*
- *1 Pfanne*
- *1 Kochmesser*
- *1 Kochlöffel*
- *1 Kartoffelstampfer*

Zutaten für 1 Person:

- *50 g Speckwürfel*
- *2 - 3 mittelgroße Kartoffeln*
- *1 kleine Dose Prinzeßbohnen*
- *1 kleine Zwiebel*
- *1/8 Liter Milch*
- *Butter*
- *Salz, Pfeffer*

Zubereitung:

1. Die Zwiebel schälen, kleinschneiden und zusammen mit den Speckwürfeln in Butter anbraten.
2. Anschließend die kleingeschnittenen, abgetropften Prinzeßbohnen dazugeben, das Ganze mit Salz und Pfeffer abschmecken und bei mittlerer Hitze ca. 10 Minuten kochen lassen.
3. Die Kartoffeln schälen und in Salzwasser ca. 20 Minuten gar kochen, anschließend das Wasser abgießen und die Kartoffeln mit der Milch, einem EL Butter und dem Bohnengemüse zu einem Püree verstampfen.
4. Das Bohnen-Kartoffelpüree nochmals abschmecken, eventuell mit Salz und Pfeffer nachwürzen und servieren.

Spargel mit Sauce Hollandaise

910 kcal / 3820 kJ pro Person

Material:

- *1 großer Topf*
- *1 kleiner Topf*
- *1 Kochmesser*
- *1 Schneebesen*

Zutaten für 1 Person:

- *2 Scheiben Parmaschinken*
- *500 g Spargel*
- *1 EL Mehl*
- *1 EL Weinessig*
- *1 Ei*
- *50 g Butter*
- *Salz*

Zubereitung:

1. Die Butter im Topf schmelzen lassen und mit dem Mehl verquirlen, bis eine sämige Soße entsteht.
2. Anschließend den Weinessig und das Eigelb unterrühren, das Ganze mit Salz abschmecken und bei mittlerer Hitze ca. 5 Minuten unter ständigem Rühren kochen lassen.
3. Den Spargel schälen und in Wasser ca. 20 Minuten gar kochen lassen.
4. Je nach Konsistenz die Sauce Hollandaise mit 1 - 2 EL Wasser verlängern, den Spargel damit anrichten und mit dem Schinken servieren.

Russische Eier

860 kcal / 3610 kJ pro Person

Material:

- *1 kleiner Topf*
- *1 Pfanne*
- *1 Kochmesser*
- *1 Kochlöffel*

Zutaten für 1 Person:

- *1 Tomate*
- *3 Radieschen*
- *1/2 Salatgurke*
- *1 EL Mayonnaise*
- *1/2 TL Senf*
- *1 EL Essig*
- *1 EL Öl*
- *2 Eier*
- *Salz, Pfeffer*
- *1 Baguettebrötchen*

Zubereitung:

1. Die Eier anstechen und in reichlich Wasser 10 Minuten hart kochen.
2. Aus dem Essig und dem Öl ein Dressing zubereiten, mit Salz und Pfeffer abschmecken und das gewaschene und kleingeschnittene Gemüse darin ziehen lassen.
3. Die hartgekochten Eier pellen, halbieren und das Eigelb entnehmen.
4. Anschließend das Eigelb zusammen mit der Mayonnaise und dem Senf zu einer Paste verrühren, mit Salz und Pfeffer abschmecken und die Eier damit füllen.

Die russischen Eier auf dem Salat anrichten und zusammen mit dem Baguettebrötchen servieren.

Champignonspieß auf Reis

990 kcal / 4160 kJ pro Person

Material:

- *1 kleiner Topf*
- *1 Pfanne*
- *1 Kochmesser*
- *1 Schaschlikspieß*

Zutaten für 1 Person:

- *1 kleines Schnitzel*
- *1 mittelgroße Zwiebel*
- *2 - 3 große Champignons*
- *Ketchup*
- *100 g Reis*
- *Butter*
- *Salz, Pfeffer*

Zubereitung:

1. Die gewaschenen, geputzten Champignons halbieren und abwechselnd mit den geschälten, geviertelten Zwiebeln und dem kleingeschnittenen Schnitzel auf einen Schaschlikspieß stecken.
2. Anschließend den Champignonspieß in Butter anbraten, mit Salz und Pfeffer würzen und für weitere 15 Minuten von allen Seiten durchbraten.

Den Reis gemäß der Packungsbeilage zubereiten, unter den Bratensaft heben und den Champignonspieß darauf anrichten. Ketchup dazu reichen.

Fleischpflanzerl in Pilzrahm

1090 kcal / 4580 kJ pro Person

Material:

- *1 Rührschüssel*
- *1 Pfanne*
- *1 Kochmesser*
- *1 Kochlöffel*
- *1 Dosenöffner*

Zutaten für 1 Person:

- *150 g Rindergehacktes*
- *1 Frühlingszwiebel*
- *1 kleine Dose Pfifferlinge*
- *1 Ei*
- *50 g Sahne*
- *Butter*
- *Salz, Pfeffer*

Zubereitung:

1. Das Gehackte mit dem Ei und der kleingeschnittenen Frühlingszwiebel zu einem Teig verkneten, mit Salz und Pfeffer würzen und zu einer Kugel formen.
2. Anschließend die flachgedrückte Kugel in der Butter beidseitig für ca. 10 Minuten gut durchbraten.
3. Die abgetropften Pfifferlinge dazugeben, das Ganze mit der Sahne ablöschen und für weitere 5 Minuten köcheln lassen.
4. Die Soße nochmals abschmecken, eventuell mit Pfeffer und Salz nachwürzen und zusammen mit dem Fleischpflanzerl servieren.

Makkaroni mit Walnußsoße

1180 kcal / 4960 kJ pro Person

Material:

- *1 kleiner Topf*
- *1 Pfanne*
- *1 Kochmesser*
- *1 Kochlöffel*

Zutaten für 1 Person:

- *2 Scheiben gekochter Schinken*
- *50 g küchenfertige Walnüsse*
- *1/2 Bund Petersilie*
- *100 g süße Sahne*
- *100 g Makkaroni*
- *Butter*
- *Salz, Pfeffer*

Zubereitung:

1. Die Walnüsse in grobe Stücke hacken und zusammen mit dem in Streifen geschnittenen Schinken für 2 - 3 Minuten in Butter scharf anbraten.
2. Anschließend das Ganze mit der Sahne ablöschen, mit Salz und Pfeffer würzen und nochmals kurz aufkochen lassen.
3. Die kleingeschnittene Petersilie dazugeben, nochmals abschmecken und eventuell mit Salz und Pfeffer nachwürzen.

Während die Soße zubereitet wird, die Makkaroni ca. 10 Minuten in reichlich Salzwasser gar kochen, danach die Walnußsoße darauf anrichten und servieren.

Sylter Muscheln

1420 kcal / 5960 kJ pro Person

Material:

- *1 großer Topf*
- *1 Kochmesser*
- *1 Kochlöffel*

Zutaten für 1 Person:

- *1 kg Muscheln*
- *1 mittelgroße Zwiebel*
- *1 Stange Sellerie*
- *1 Möhre*
- *1 Bund Petersilie*
- *1/4 Liter Weißwein*
- *1/2 TL Kümmel*
- *1/2 TL Pfefferkörner*
- *Butter*
- *Weißbrot*

Zubereitung:

1. Die Zwiebel schälen, in Ringe schneiden, in Butter glasig dünsten und anschließend mit dem Weißwein und 1/4 Liter Wasser ablöschen.
2. Anschließend das Gemüse waschen, kleinschneiden, zusammen mit der kleingeschnittenen Petersilie in den Sud geben und bei mittlerer Hitze ca. 10 Minuten kochen lassen.
3. Die verlesenen, gesäuberten und gewaschenen Muscheln dazugeben und das Ganze weiter köcheln lassen, bis sich die Muscheln öffnen.

Die Muscheln in einem tiefen Suppenteller anrichten und zusammen mit dem Weißbrot servieren.

Thunfisch im Tomatenkörbchen

920 kcal / 3860 kJ pro Person

Material:

- *1 Rührschüssel*
- *1 Kochmesser*
- *1 Kochlöffel*
- *1 Dosenöffner*

Zutaten für 1 Person:

- *1 Fleischtomate*
- *1/2 Bund Schnittlauch*
- *1 Frühlingszwiebel*
- *1 Dose Thunfisch*
- *2 EL Mayonnaise*
- *Salz, Pfeffer*
- *Vollkornbrot*

Zubereitung:

1. Die Fleischtomate waschen und säubern und nach Entfernen des Deckels vorsichtig aushöhlen.
2. Anschließend die kleingeschnittene Frühlingszwiebel mit der Mayonnaise und dem Thunfisch zu einer Paste verrühren und das Ganze mit Salz und Pfeffer abschmecken.
3. Das Tomatenkörbchen mit der Paste füllen, mit dem kleingeschnittenen Schnittlauch garnieren und zusammen mit dem Vollkornbrot servieren.

Krabben-Lauch-Pfanne

850 kcal / 3570 kJ pro Person

Material:

- *1 Pfanne*
- *1 Kochmesser*
- *1 Kochlöffel*

Zutaten für 1 Person:

- *1 Scheibe gekochter Schinken*
- *50 g küchenfertige Krabben*
- *1 mittelgroße Stange Lauch*
- *2 Scheiben Toastbrot*
- *Butter*
- *Sojasoße*
- *Salz, Pfeffer*

Zubereitung:

1. Den Lauch waschen, in Ringe schneiden und in Butter glasig dünsten.
2. Anschließend den Schinken in feine Streifen schneiden, die Toastscheiben würfeln und beides zusammen mit dem Lauchgemüse für ca. 3 Minuten anbraten.
3. Das Ganze mit Salz, Pfeffer und der Sojasoße abschmecken, die Krabben darauf anrichten und servieren.

Informationszentren für Vergiftungen in Deutschland

Zusammenstellung der Notrufnummern der Informationszentren für Vergiftungsfälle mit durchgehendem 24-Stunden-Dienst

Informationszentrum	Art der Einrichtung	Notruf	
Berlin	Universitätskinikum Rudolf Virchow	030	3035 34 66
Berlin	Beratungsstelle für Vergiftungserscheinungen und Embryonaltoxikologie	030	1 92 40
Berlin	IFAR - Zentraler Toxikologischer Auskunftsdienst	030	9 66 94 18
Bonn	Universitätskinderklinik und Poliklinik	0228	2 87 32 11
Bremen	Kliniken der Freien Hansestadt Bremen	0421	4 97 52 68
Erfurt	Giftnotruf Erfurt	0361	73 07 30
Freiburg	Universitätskinderklinik	0761	2 70 43 61
Göttingen	Giftinformationszentrum Nord	0551	1 92 40
Homburg/Saar	Informations- und Behandlungszentrum für Vergiftungen	06841	1 92 40
Kassel	Untersuchungs- und Beratungsstelle für Vergiftungen	0561	9 18 83 20
Kiel	Zentralstelle zur Beratung bei Vergiftungsunfällen	0431	5 97 42 68
Koblenz	Städtisches Krankenhaus Kemperhof	0261	4 99 21 11
Leipzig	Toxikologischer Auskunftsdienst	0341	9 72 46 66
Mainz	Klinische Toxikologie - Giftinformation	06131	23 24 66
Mönchengladbach	Toxikologische Untersuchungsstelle	02161	8 19 40
München	Giftnotruf München	089	1 92 40
Nürnberg	Giftinformationszentrale	0911	3 98 24 51
Papenburg/Ems	Marienkrankenhaus Papenburg-Aschendorf GmbH	04961	93 20 64